JN096062

秘書検定
実問題集

3級

2024年度版

第126回 ▶ 第131回

早稲田教育出版

　「秘書」は，かつては社長秘書などという言い方で代表されたように，多くは専業でしたが，最近は少し様子が変ってきました。ＩＴの発展により会社の役員などでも情報管理を自身でできるようになりましたから，秘書は秘書だけをしていればよいという時代ではなくなりました。例えば営業部長でも秘書的な能力のある部員に秘書的なことをやってもらって，効率的な仕事の仕方をする人が多くなってきました。このような場合の秘書は兼務秘書などという言い方がされています。

　考えてみれば，秘書の仕事は上司の補佐（手助け）ですが，会社などに就職すれば，初めは誰でも自分より目上の人（先輩・上役）の補佐が仕事です。しかもこの補佐は秘書的な能力（人間的能力）が求められる仕事です。

　このようなことから秘書的能力は，「ヒューマンスキル（ビジネスの場で必要な対人関係についての能力）」と考えられるようになってきています。

　今後は，会社などで社員に求める能力は，ヒューマンスキルとしての秘書的能力が期待され，この方向で発展していくものと思われます。

●秘書検定のスペシャリティー（特色）

　秘書検定には「準１級」と「１級」に面接試験があります。内容は，秘書的能力は人間的な能力であることから，対人関係を題材（応対・報告）にしたロールプレーイングになっています。特に準１級は，学生さんには就職面接の面接体験的な位置づけにもなっていて，社会性を体験することから対人関係に自信が持てるようにもなります。挑戦を期待しています。

本書の利用について

1. 本書の問題編には，「秘書技能検定試験」として，第126回〜第131回までに実施された3級試験問題を収載しています。

2. 巻末の「解答・解説」は必要に応じて本編から外して利用することができます。また，解答のうち記述形式によるものは，問題の性格上，本書掲載の解答に限定されない「解答例」です。

3. 各問にある「難易度ランク」は，★の数が多いほど難しくなります。

4. 本書は2021年3月から実施している「秘書検定CBT」の受験対策としても，活用できます。

5. 3級の試験時間は110分です。本書の問題を解く際の参考にしてください。選択問題は「…適当と思われるものを選びなさい」「…不適当と思われるものを選びなさい」などの違いに気を付けて読んでください。

　時間は有効に使って答案は隅々まで点検し，一人でも多く合格できますよう，ご健闘をお祈りしております。

秘書検定
実問題集
2024
年度版
3級

CONTENTS

第**126**回▶第**131**回

◆ 秘書検定の級位と出題領域別問題数

秘書検定の級位には1級，準1級，2級，3級があり，それぞれ程度の違い
に差がついています。

3級と2級の出題数は，従来の例ですと

① 「必要とされる資質」領域から5問

② 「職務知識」領域から5問

③ 「一般知識」領域から3問

④ 「マナー・接遇」領域から12問

⑤ 「技能」領域から10問

計35問出題されます。

◆ 出題形式

3級と2級は筆記試験のみです。試験内容の約9割がマークシート方式の5
肢択一（五つの選択肢から一つを選ぶ）問題で，約1割が記述解答式の問
題です。1級と準1級は一次試験（筆記試験）に合格すると二次試験（ロー
ルプレーイング形式の面接試験）があります。

◆ 筆記試験合格基準

筆記試験は1級〜3級とも「理論」と「実技」に領域が区分され，それぞ
れの得点が60%以上のとき合格となります。どちらか一方の得点が60%未
満のときは合格になりません。

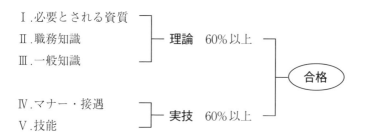

◆ 試験日　他

原則として6月，11月，2月に筆記試験が行われます。ただし2月の試験は
3級と2級のみです。

〈受験料について〉

3級 3,800円　2級 5,200円　準1級 6,500円　1級 7,800円
（2024年2月現在，税込み）

〈併願受験について〉

3級と2級，2級と準1級については同時に申し込みができ，同日中に受験
ができます。申し込み後の変更はできません。（1級は，他の級との併願
受験はできません）

〈受験資格について〉

学歴・年齢，その他の制限は一切ありません。どなたでも受験することが
できます。

秘書検定CBT試験について

2021年3月からコンピューターを使用して秘書検定（2級・3級）を
受験できるようになりました。資格のレベルや認定については従来
の検定試験と同様です。

CBT試験では，年3回の試験日に限定されず都合のよい日程を選ん
で受験することができ，合否結果も試験終了後すぐに分かります。
お近くのテストセンター（全国350カ所以上）で受験することができ
ます。

詳細は，実務技能検定協会のホームページで確認してください。

その他ご不明点は秘書検定ホームページをご覧になるか，下記へお問い合
わせください。

公益財団法人 実務技能検定協会　秘書検定部
〒169-0075　東京都新宿区高田馬場一丁目4番15号
電話 03(3200)6675　　URL https://jitsumu-kentei.jp/

**2024年度 秘書検定
試験実施日**

■試験当日の持ち物チェック
□受験票
□身分証明書
　（学生証・運転免許証・
　　健康保険証・パスポート等）
　　□HBの黒鉛筆
　　　　またはシャープペンシル
　　（万年筆・ボールペン等不可）
　　□消しゴム
　　□腕時計
※携帯電話,スマートフォン等の
　電子機器類を時計代わりに
　使用することはできません。

CHECK

**第133回
6/16（日）**
受付期間
　● 2024年4月5日（金）
　　〜5月14日（火）
●実施級●
3級, 2級, 準1級, 1級

**第134回
11/17（日）**
受付期間
　● 2024年9月4日（水）
　　〜10月15日（火）
●実施級●
3級, 2級, 準1級, 1級

**第135回
2/9（日）**
受付期間
　● 2024年12月9日（月）
　　〜2025年1月14日（火）
●実施級●
3級, 2級のみ

申し込みから合格まで

個人の申込はインターネットで

以下の2種類の申込方法があります。

①インターネットで申し込む

下のQRコードをスマートフォン，タブレットに読み込ませるか，パソコンで以下のURLにアクセスし，申込情報を入力後，コンビニエンスストアまたは，クレジットカードで受験料を支払う。
URL https://jitsumu-kentei.jp/

②郵送で申し込む

現金書留で，願書と受験料を協会へ郵送する。
（願書は協会より取り寄せる）

スマートフォン用
申し込みサイト

申し込みは受付期間内に

受験願書の受付期間は，試験日のほぼ2カ月前から1カ月前までです。
また，郵送の場合は消印が締切日翌日までのものが有効となります。

いよいよ試験当日！

試験当日は，受験票，身分証明書と合わせて，遅刻しないように会場までの交通機関，所要時間もしっかりチェックしましょう。
20分以上遅刻すると受験できませんのでご注意を。

●受験票と身分証明書を提示

受付で試験監督者に受験票と身分証明書を提示してください。

●途中退室について

試験開始80分後からできますが，よく見直しをしましょう。

合否通知について

3級，2級の合否は，試験日の約3週間後に通知します。
準1級筆記試験の合否は，試験日の約2週間後，1級の合否は，面接試験日の約1週間前までに通知します。
面接の合否は準1級・1級ともに試験日から約3週間後に通知します。
合格者にはデジタル化した合格証，合格証明書を発行します。
合格証明書はいつでも無料でダウンロード，出力ができます。

★インターネット合否速報

合否速報は試験日の約2週間後から秘書検定ホームページで確認できます！

5 秘書検定審査基準の解説
つの領域で問うものとは

● **必要とされる資質**

秘書の仕事は上司の身の回りの世話や仕事の手助けです。それを適切に実行するための感覚，判断力のようなものが秘書の資質ということです。変則的な来客をどのように取り次ぐかなどの判断，上司が何を望んでいるかなどを察して対応する気の利かせ方などが問われます。

● **職務知識**

上司の留守をどのように預かるか。上司の仕事をどのように手伝うかなど，秘書特有の仕事の仕方について問われます。

● **一般知識**

秘書はビジネスの場で仕事をします。そのためには，上司や身の回りの人が話す言葉が理解できる必要があります。とはいっても大げさなことではなく，上司の仕事を手助けするためにはこのくらいは知っていなくてはという，社会常識的な範囲で主に経済用語が問われます。

● **マナー・接遇**

ビジネスの場では礼儀作法をビジネスマナーといいます。マナーは対人関係では欠かすことのできないものです。上下関係のある人の集まりである職場では，ビジネスマナーを心得ていないとその一員にはなれません。目上の人（上司・先輩・来客など）にはどのように接すればよいか，対人関係の基本となる言葉遣い，来客にはどのようにお茶を出すか，社交常識（主に弔事，慶事）などについて問われます。

● **技　能**

ビジネスの場で必要な，文書，ファイリング，事務用品，会議などについての初歩的な知識，用語。また，オフィスの環境整備について常識的なことが問われます。

秘書技能審査基準 3級

程度	領域		内　容
初歩的な秘書的業務の理解ができ，基本的な業務を行うのに必要な知識，技能を持っている。	I 必要とされる資質	(1)秘書的な仕事を行うについて備えるべき要件	① 初歩的な秘書的業務を処理する能力がある。 ② 判断力，記憶力，表現力，行動力がある。 ③ 機密を守れる，機転が利くなどの資質を備えている。
		(2)要求される人柄	① 身だしなみを心得，良識がある。 ② 誠実，明朗，素直などの資質を備えている。
	II 職務知識	(1)秘書的な仕事の機能	① 秘書的な仕事の機能を知っている。 ② 上司の機能と秘書的な仕事の機能の関連を知っている。
	III 一般知識	(1)社会常識	① 社会常識を備え，時事問題について知識がある。
		(2)経営に関する知識	① 経営に関する初歩的な知識がある。
	IV マナー・接遇	(1)人間関係	① 人間関係について初歩的な知識がある。
		(2)マナー	① ビジネスマナー，一般的なマナーを心得ている。
		(3)話し方，接遇	① 一般的な敬語，接遇用語が使える。 ② 簡単な短い報告，説明ができる。 ③ 真意を捉える聞き方が，初歩的なレベルでできる。 ④ 注意，忠告が受けられる。
		(4)交際の業務	① 慶事,弔事に伴う庶務，情報収集と簡単な処理ができる。 ② 贈答のマナーを一般的に知っている。
	V 技能	(1)会議	① 会議に関する知識，および進行，手順について初歩的な知識がある。 ② 会議について，初歩的な計画,準備,事後処理ができる。
		(2)文書の作成	① 簡単な社内文書が作成できる。 ② 簡単な折れ線，棒などのグラフを書くことができる。
		(3)文書の取り扱い	① 送付方法,受発信事務について初歩的な知識がある。 ② 秘扱い文書の取り扱いについて初歩的な知識がある。
		(4)ファイリング	① 簡単なファイルの作成，整理，保管ができる。
		(5)資料管理	① 名刺，業務上必要な資料類の簡単な整理,保管ができる。 ② 要求された簡単な社内外の情報収集ができ，簡単な整理,保管ができる。
		(6)スケジュール管理	① 上司の簡単なスケジュール管理ができる。
		(7)環境,事務用品の整備	① オフィスの簡単な整備，管理，および事務用品の簡単な整備,管理ができる。

秘書技能審査基準 2級

程度	領 域		内 容
秘書的な業務について理解ができ、一般的な秘書的業務を行うのに必要な知識、技能を持っている。	I 必要とされる資質	(1) 秘書的な仕事を行うについて備えるべき要件	① 一般的に秘書的業務を処理する能力がある。 ② 判断力、記憶力、表現力、行動力がある。 ③ 機密を守れる、機転が利くなどの資質を備えている。
		(2) 要求される人柄	① 身だしなみを心得、良識がある。 ② 誠実、明朗、素直などの資質を備えている。
	II 職務知識	(1) 秘書的な仕事の機能	① 秘書的な仕事の機能を知っている。 ② 上司の機能と秘書的な仕事の機能の関連を知っている。
	III 一般知識	(1) 社会常識	① 社会常識を備え、時事問題について知識がある。
		(2) 経営管理に関する知識	① 経営管理に関する初歩的な知識がある。
	IV マナー・接遇	(1) 人間関係	① 人間関係について一般的な知識がある。
		(2) マナー	① ビジネスマナー、一般的なマナーを心得ている。
		(3) 話し方、接遇	① 一般的な敬語、接遇用語が使える。 ② 短い報告、説明、簡単な説得ができる。 ③ 真意を捉える聞き方が一般的にできる。 ④ 忠告が受けられ、注意ができる。
		(4) 交際の業務	① 慶事、弔事に伴う庶務、情報収集とその処理ができる。 ② 贈答のマナーを一般的に知っている。 ③ 上司加入の諸会の事務を扱うことができる。
	V 技能	(1) 会議	① 会議に関する知識、および進行、手順についての知識がある。 ② 会議の計画、準備、事後処理ができる。
		(2) 文書の作成	① 文例を見て、社内外の文書が作成できる。 ② 会議の簡単な議事録が作成できる。 ③ 折れ線、棒、簡単な円などのグラフを書くことができる。
		(3) 文書の取り扱い	① 送付方法、受発信事務について知識がある。 ② 秘扱い文書の取り扱いについて知識がある。
		(4) ファイリング	① 一般的なファイルの作成、整理、保管ができる。
		(5) 資料管理	① 名刺、業務上必要な資料類の整理、保管が一般的にできる。 ② 要求された社内外の情報収集、整理、保管が一般的にできる。
		(6) スケジュール管理	① 上司のスケジュール管理が一般的にできる。
		(7) 環境、事務用品の整備	① オフィスの整備、管理、および事務用品の整備、管理が一般的にできる。

秘書技能審査基準 準1級

【一次試験（筆記）】

程度	領域		内容
秘書的業務について理解があり、1級に準じた知識を持つとともに、技能が発揮できる。	Ⅰ 必要とされる資質	(1)秘書的な仕事を行うについて備えるべき要件	① 秘書的な仕事を処理する能力がある。 ② 判断力、記憶力、表現力、行動力がある。 ③ 機密を守れる、機転が利くなどの資質を備えている。
		(2)要求される人柄	① 身だしなみを心得、良識がある。 ② 誠実、明朗、素直などの資質を備えている。
	Ⅱ 職務知識	(1)秘書的な仕事の機能	① 秘書的な仕事の機能を知っている。 ② 上司の機能と秘書的な仕事の機能の関連を知っている。
	Ⅲ 一般知識	(1)社会常識	① 社会常識を備え、時事問題について知識がある。
		(2)経営管理に関する知識	① 経営管理に関する一般的な知識がある。
	Ⅳ マナー・接遇	(1)人間関係	① 人間関係について知識がある。
		(2)マナー	① ビジネスマナー、一般的なマナーを心得ている。
		(3)話し方、接遇	① 状況に応じた言葉遣いができ、適切な敬語、接遇用語が使える。 ② 長い報告、説明、苦情処理、説得ができる。 ③ 真意を捉える聞き方ができる。 ④ 忠告が受けられ、忠告の仕方を理解している。
		(4)交際の業務	① 慶事、弔事の次第とそれに伴う庶務、情報収集とその処理ができる。 ② 贈答のマナーを知っている。 ③ 上司加入の諸会の事務、および寄付などに関する事務が扱える。
	Ⅴ 技能	(1)会議	① 会議に関する知識、および進行、手順についての知識がある。 ② 会議の計画、準備、事後処理ができる。
		(2)文書の作成	① 社内外の文書が作成できる。 ② 会議の簡単な議事録が作成できる。 ③ 折れ線、棒、円などのグラフを書くことができる。
		(3)文書の取り扱い	① 送付方法、受発信事務について知識がある。 ② 秘扱い文書の取り扱いについて知識がある。
		(4)ファイリング	① ファイルの作成、整理、保管ができる。
		(5)資料管理	① 名刺、業務上必要な資料類の整理、保管ができる。 ② 要求された社内外の情報収集、整理、保管ができる。
		(6)スケジュール管理	① 上司のスケジュール管理ができる。
		(7)環境、事務用品の整備	① オフィスの整備、管理、および事務用品の整備、管理が適切にできる。

【二次試験（面接）】

		審査要素	
(1)ロールプレーイング	秘書的業務担当者としての、態度、振る舞い、話の仕方、言葉遣い、物腰、身なりなどの適性。	① 一般的なあいさつ（自己紹介）ができる。 ② 上司への報告ができる。 ③ 上司への来客に対応できる。	

秘書技能審査基準 1級

【一次試験（筆記）】

程度	領 域		内 容
秘書的業務全般について十分な理解があり、高度な知識を持つとともに、高度な技能が発揮できる。	Ⅰ 必要とされる資質	(1) 秘書的な仕事を行うについて備えるべき要件	① 秘書的な仕事を処理するのに十分な能力がある。 ② 判断力、記憶力、表現力、行動力がある。 ③ 機密を守れる、機転が利くなどの資質を備えている。
		(2) 要求される人柄	① 身だしなみを心得、良識がある。 ② 誠実、明朗、素直などの資質を備えている。
	Ⅱ 職務知識	(1) 秘書的な仕事の機能	① 秘書的な仕事の機能を知っている。 ② 上司の機能と秘書的な仕事の機能の関連を十分に知っている。
	Ⅲ 一般知識	(1) 社会常識	① 社会常識を備え、時事問題について知識が十分にある。
		(2) 経営管理に関する知識	① 経営管理に関する一般的な知識がある。
	Ⅳ マナー・接遇	(1) 人間関係	① 人間関係についての知識が十分にある。
		(2) マナー	① ビジネスマナー、一般的なマナーを十分に心得ている。
		(3) 話し方、接遇	① 状況に応じた言葉遣いが十分にでき、高度な敬語、接遇用語が使える。 ② 複雑で長い報告、説明、苦情処理、説得ができる。 ③ 真意を捉える聞き方ができる。 ④ 忠告が受けられ、忠告の仕方を十分に理解している。
		(4) 交際の業務	① 慶事、弔事の次第とそれに伴う庶務、情報収集とその処理ができる。 ② 贈答のマナーを十分知っている。 ③ 上司加入の諸会の事務、および寄付などに関する事務ができる。
	Ⅴ 技能	(1) 会議	① 会議に関する知識、および進行、手順についての知識が十分にある。 ② 会議の計画、準備、事後処理が十分にできる。
		(2) 文書の作成	① 社内外の文書が作成できる。 ② 会議の議事録が作成できる。 ③ データに基づき、適切なグラフを書くことができる。
		(3) 文書の取り扱い	① 送付方法、受発信事務について知識が十分にある。 ② 秘扱い文書の取り扱いについて知識が十分にある。
		(4) ファイリング	① 適切なファイルの作成、整理、保管ができる。
		(5) 資料管理	① 名刺、業務上必要な資料類の整理、保管ができる。 ② 要求された社内外の情報収集、整理、保管ができる。
		(6) スケジュール管理	① 上司のスケジュール管理が十分にできる。
		(7) 環境の整備	① オフィスの整備、管理ができ、レイアウトの知識がある。

【二次試験（面接）】

		審 査 要 素	
(1) ロールプレーイング		秘書的業務担当者としての、態度、振る舞い、話の仕方、言葉遣い、物腰、身なりなどの適性。	① 上司への報告ができる。 ② 上司への来客に対応できる。

秘書検定 3 級

第 **131** 回

問題

試験時間 110 分

必要とされる資質

1　次は新人秘書Ａが感じている，秘書課の先輩たちの特徴である。中から秘書の資質として<u>不適当</u>と思われるものを一つ選びなさい。

1）B　——　いつも朗らかで人情味があり，頼み事をしやすい。
2）C　——　動作がきびきびしていて，仕事はてきぱきとこなす。
3）D　——　相手の求めていることを察するのが速く，いつも冷静である。
4）E　——　周りに左右されず自分のペースで仕事をし，人には同調しない。
5）F　——　普段口数は少ないが，意見を求めると自分の考えを話してくれる。

2　新人秘書Ａは先輩Ｃに教わりながら上司の秘書の見習いをしている。ある日Ａが出社するとＣから電話があり，「家の事情で今日は休む。上司には改めて電話する」ということである。次はこのときＡが行ったことである。中から<u>不適当</u>と思われるものを一つ選びなさい。

1）Ｃに，分からないことがあったら携帯電話に連絡を入れてもよいかと尋ねた。
2）Ｃに，今日の秘書業務全般について，いつもと違うところがあるかを確認した。
3）上司が出社したとき，Ｃが休むことと改めて上司宛てに連絡があることを伝えた。
4）よく内線電話をかけてくる他部署の秘書に，今日はＣが休むことを伝えておいた。
5）上司に，先輩と同じようにはできないが，頑張るので大目に見てもらいたいと言った。

3 難易度ランク ★★★　　　　　✓CHECK! ☐☐☐

　　次は秘書Aが先輩から教えられた，上司について社外の人にむやみに口外してはいけないことである。中から不適当（口外してよい）と思われるものを一つ選びなさい。

1）在否
2）肩書
3）出張先
4）健康状態
5）出退社時間

4 難易度ランク ★★　　　　　✓CHECK! ☐☐☐

　　秘書Aは，上司に指示を仰がなくてはならない急用ができた。上司は15分後に外出する予定だが，来客と面談中で終わる気配はない。このような場合，Aはどのように対処するのがよいか。次の中から適当と思われるものを一つ選びなさい。

1）客には失礼をわびて上司を呼び出し，急用で確認したいことがあると言って尋ねる。
2）お茶のお代わりを持っていき，上司に外出の予定時間が迫っていることを小声で伝える。
3）急ぎの電話が入っているとメモを入れて上司を呼び出し，確認したいことについて尋ねる。
4）外出する予定の時間と，急用について指示を仰ぎたいと書いたメモを面談中の上司に渡す。
5）15分後に外出の予定と急用があるので面談を切り上げてもらえないか，と書いたメモを面談中の上司に渡す。

難易度ランク ★★

5 秘書Aは上司から,「F社のM部長にこの資料を届けてもらいたい。届けたら帰宅してよい」と指示された。このような場合,Aは資料を届けた後どのようにすればよいか。次の中から**適当**と思われるものを一つ選びなさい。

1) 帰宅してよいと言われていても,会社に戻って上司に報告してから帰宅するのがよい。

2) 上司は届けたら帰宅すると思っているだろうから,報告は明日にしてこのまま帰宅するのがよい。

3) M部長に,受け取ったことを上司に連絡しておいてもらえないか,と頼んでから帰宅するのがよい。

4) 帰宅してよいと言われているのでこのまま帰宅するが,自宅に着いたら上司にメールで報告するのがよい。

5) 帰宅してよいと言われているのでこのまま帰宅するが,その前に届けたことを上司に電話で報告するのがよい。

（第131回 問題 — ヘッダー）

職務知識

6 難易度ランク ★   ✓CHECK! ☐☐☐

秘書Aは上司（部長）から，「急用でこれから外出する」と言われた。スケジュールではこの後課長と一緒にP社を訪問することになっている。このようなことにAはどのように対処するのがよいか。次の中から**適当**と思われるものを一つ選びなさい。

1）課長に事情を話して，「どのようにするか部長と調整してもらえないか」と尋ねる。

2）課長に事情を話して，「課長一人でP社を訪問してもらうことはできないか」と尋ねる。

3）課長に事情を話して，「P社訪問の日時を変更してもらうことはできないか」と尋ねる。

4）上司に，「この後P社訪問の予定が入っているが，どのように調整すればよいか」と尋ねる。

5）上司に，「この後P社訪問の予定が入っているので，外出を変更することはできないか」と尋ねる。

7 難易度ランク ★   ✓CHECK! ☐☐☐

部長秘書Aは本部長のところから戻ってきた上司に，「来週K社（取引先）へ出張することになったので準備をしてもらいたい」と言われた。次はこの出張についてAが上司に確認したことである。中から<u>不適当</u>と思われるものを一つ選びなさい。

1）必要な資料。

2）K社への手土産。

3）同行者はいるか。

4）出張は本部長の指示か。

5）出張先でのスケジュール。

8 難易度ランク ★★ 　　　　　　　　　✓CHECK! ☐☐☐

次は秘書Ａが，外出について心がけていることである。中から不適当と思われるものを一つ選びなさい。

1）短時間で済むちょっとした外出などは，上司が来客と面談中に済ませるようにしている。
2）銀行などに行くときは，混雑が予想される日にちや時間帯をなるべく避けるようにしている。
3）外出するときは周りの人に行き先を言って，ついでに済ませる用事はないか尋ねるようにしている。
4）時間がかかる外出のときは，留守を同僚に頼み，上司にそのことを伝えてから出かけるようにしている。
5）用事に手間取り戻るのが予定より遅くなりそうなときは，会社に連絡して上司に伝えてもらうようにしている。

9 難易度ランク ★★★★ 　　　　　　　✓CHECK! ☐☐☐

秘書Ａは取引先に電話をかけようとしたところ先輩から，「急ぎの仕事が重なってしまったので，手伝ってもらえないか」と言われた。次はこのときＡが言ったことである。中から不適当と思われるものを一つ選びなさい。

1）「自席でできることでしょうか」
2）「何なりとおっしゃってください」
3）「どのくらいかかりそうでしょうか」
4）「一本電話をかけてからでもよろしいですか」
5）「終わったことの報告はどなたにすればよろしいですか」

10 難易度ランク ★★★ 　　　　　　　　✓CHECK! ☐☐☐

販売部の兼務秘書Ａは，「親戚に不幸があったので今日は休む」という同僚からの電話を受けた。部内はＡ以外はまだ出社していない。このような場合，Ａは同僚にどのようなことを尋ねておけばよいか。次の中から

不適当と思われるものを一つ選びなさい。

1）明日は出社するか。
2）どういう関係の親戚か。
3）午後からでも出社できないか。
4）係長には改めて連絡をするか。
5）代わりにやっておくことはあるか。

一般知識

11 難易度ランク ★　　　　　　　　　　✓CHECK! ☐☐☐
次は直接関係ある用語の組み合わせである。中から不適当と思われるものを一つ選びなさい。

1）ネットワーク　　　　——　　情報
2）キャンペーン　　　　——　　営業
3）キャッチコピー　　　——　　広告
4）クリエーティブ　　　——　　仲介
5）ベンチャービジネス　——　　起業

12 難易度ランク ★★　　　　　　　　　✓CHECK! ☐☐☐
次の「　　」内は下のどの用語の説明か。中から適当と思われるものを一つ選びなさい。

「会社の会計や業務が正しく行われているかを検査する人」

1）顧問
2）監査役
3）取締役
4）相談役
5）経理部長

13 難易度ランク ★★ 　　　　　　　　　　✓CHECK! ☐☐☐

次は用語とその意味（訳語）の組み合わせである。中から<u>不適当</u>と思われるものを一つ選びなさい。

1) パーソナリティー　＝　地域
2) プランナー　　　　＝　企画係
3) オペレーター　　　＝　操作係
4) リーダーシップ　　＝　統率力
5) コラボレーション　＝　共同作業

マナー・接遇

14 難易度ランク ★★ 　　　　　　　　　　✓CHECK! ☐☐☐

山田部長秘書Aは先輩から，「来客に応対するときは，当たりの柔らかい言い方を心がけるように」と言われた。次はAが，そのことを意識して使った言葉の例である。中から下線部分の言葉の使い方が<u>不適当</u>と思われるものを一つ選びなさい。

1) 「<u>あいにく</u> 山田は本日不在にしております」
2) 「<u>申し訳ございませんが</u> お断りいたします」
3) 「<u>よろしければ</u> 山田はお会いできかねます」
4) 「<u>恐れ入りますが</u> お引き取り願えませんか」
5) 「<u>せっかくですが</u> ご遠慮させていただきます」

15 難易度ランク ★★ 　　　　　　　　　　✓CHECK! ☐☐☐

次は秘書Aが，上司に報告するとき心がけていることである。中から<u>不適当</u>と思われるものを一つ選びなさい。

1) 上司に指示された仕事が終わったら，すぐにそのことを報告している。
2) 報告の最後には，「以上ですが，ご理解いただけましたでしょうか」と確認している。

3）時間がかかる報告をするときは，おおよその時間を言って上司の
都合を確認している。

4）報告することが幾つかあるときは，報告の前に件数を言って，重
要なものからしている。

5）内容が込み入っているときは，口頭で報告するだけでなく，要点
を書いたメモを渡している。

16 難易度ランク ★★★　　　　　　　　　　✓CHECK! ☐☐☐

秘書Aの上司のところに予約客が時間通りに訪れた。上司は行き
先を言わずに席を外しているが，来客があることは知っているので社内にい
るはずである。このような場合の対応について，次の中から<u>不適当</u>と思われ
るものを一つ選びなさい。

1）来客を応接室へ案内し，「ただ今呼んでまいります」と言って待っ
てもらい，上司を捜す。

2）来客を応接室へ案内した後，同僚に上司が行きそうな場所を捜し
てもらい，お茶の用意をする。

3）来客を応接室へ案内し，お茶を出した後「少々お待ちくださいま
せ」と言って上司を捜しに行く。

4）「お待ちしておりました」と言って来客を応接室へ案内し，同僚
にお茶の用意を頼んでから上司を捜しに行く。

5）来客に，上司が席を外していることを謝ってどのくらいなら待て
るかを尋ね，その返答によって対応を考える。

17 難易度ランク ★　　　　　　　　　　✓CHECK! ☐☐☐

次は新人秘書Aが，周りの人とよい関係を保ちながら仕事をする
ために心がけていることである。中から<u>不適当</u>と思われるものを一つ選びな
さい。

1）雑談のようなときでも，他の人が話をしているときは，途中で口
を挟まないようにしている。

2）あいさつは自分からするようにしているが，先にされたときも，それにこだわらず明るく返している。

3）身だしなみは，学生のときに教わったことを基本にしながら，少しずつ周囲に合わせるようにしている。

4）先輩から昼食に誘われたときは，好きなものを食べたいので，行き先を尋ねてから返事をするようにしている。

5）終業時間になっても先輩たちが仕事をしているときは，手伝うことはないかと尋ねてから退社するようにしている。

18 難易度ランク ★★★★　　　　　　　　　　　✓CHECK! ☐☐☐

次は秘書Ａが，上司を訪ねてきた予約のない客に対して行ったことである。中から<u>不適当</u>と思われるものを一つ選びなさい。

1）取引先の人が用件は会ってから話すというので，応接室に案内してから上司に知らせた。

2）学生時代の友人というので名前を確認し，取り次いでよいかを上司に尋ねてから対応した。

3）得意先に紹介されたという客だったので，会えるかどうか聞いてくると言って待ってもらった。

4）取り次がないよう指示されていた客だったので，取り次がないよう言われていると言って断った。

5）転勤のあいさつで取引先の部長が来訪したので，そのまま上司に知らせてあいさつを受けてもらった。

19 難易度ランク ★★★★　　　　　　　　　　　✓CHECK! ☐☐☐

次は兼務秘書Ａが，上司に言ったことである。中から言葉遣いが<u>不適当</u>と思われるものを一つ選びなさい。

1）「お帰りなさいませ。何かお飲みになられますか」

2）「そろそろご出発のお時間ですが，お願いできますか」

3）「すぐに取りかかりますが，10分ほどお時間を頂けますか」

4）「来月の部内懇談会のお食事ですが，ご希望はおありですか」

5）「ご友人の谷様がおいでになりました。お通ししてよろしいですか」

20 難易度ランク ★★　　　✓CHECK! □□□

次は，取引先関係の告別式に参列するときのマナーについて述べたものである。中から不適当と思われるものを一つ選びなさい。

1）不祝儀袋はふくさ*に包んで持っていくのがよい。

2）急な知らせであっても，喪服を着用するのがよい。

3）取引先の人に出会っても，あいさつは黙礼程度にしておくのがよい。

4）焼香は故人の冥福を祈るためにするものだから，回数はなるべく多い方がよい。

5）焼香の後，出棺を見送らずに帰っても失礼にはならない。

　＊「ふくさ」とは，小さな風呂敷のこと。

21 難易度ランク ★★★　　　✓CHECK! □□□

秘書Ａに外出中の上司（部長）から電話がかかってきた。次はこのときＡが順に言ったことである。中から不適当と思われるものを一つ選びなさい。

1）自分の名前を言った後，「部長，お疲れさまです」と言った。

2）課長に代わってもらいたいということだったが外出していたので，外出中と言った。

3）課長の帰社予定時間を伝えてそのころ電話をもらいたいと言った。

4）こちらからは急ぎの用件はないと言った。

5）最後に，「お気を付けてお帰りくださいませ」と言った。

22 難易度ランク ★ ✓CHECK! ☐☐☐

秘書Aが不意の来客の応対をしているとき，面談を終えて帰るS氏と上司がAの前を通りかかった。S氏が帰るときAはいつも上司と一緒にエレベーターの前まで見送っている。このような場合Aはどのようにすればよいか。次の中から**適当**と思われるものを一つ選びなさい。

1）すぐに上司のところに行き，今応対中だがS氏の見送りはどうしたらよいか尋ねる。
2）いつも見送っているのだから，応対中の来客に断ってエレベーターの前まで見送りに行く。
3）不意であっても来客に変わりはないのだから，二人に気付かないふりをして応対を続ける。
4）すぐにS氏のところに行き，応対中なので見送ることはできないとわびて来客のところに戻る。
5）不意の来客であっても応対をしている最中なのだから，その場でS氏に会釈をして応対を続ける。

23 難易度ランク ★★★★ ✓CHECK! ☐☐☐

秘書Aは上司（営業部長）から，既に退職しているJの結婚披露宴会場に，祝電を打っておいてもらいたいと指示された。次はそのとき，Aが上司に確認したことである。中から<u>不適当</u>と思われるものを一つ選びなさい。

1）披露宴の日時と会場。
2）台紙は自分が選んでよいか。
3）差出人名はどのようにするか。
4）いつごろ手配するのがよいか。
5）電文は一般的なものでよいか。

技 能

24 難易度ランク ★ ✓CHECK! ☐☐☐

総務部長秘書Aは，部長からパンフレットを渡されて，各部屋に空気清浄機を置きたいが，費用はどのくらいかかるか調べるようにと指示された。この場合，Aが販売店に作成を依頼する文書はどれか。次の中から**適当**と思われるものを一つ選びなさい。

1）照会状
2）見積書
3）請求書
4）納品書
5）注文請け書

25 難易度ランク ★★ ✓CHECK! ☐☐☐

秘書Aは，上司が出張先で使う資料が多いので，宅配便で宿泊するホテルへ送ることにした。次は送るに当たりAが順に行ったことである。中から<u>不適当</u>と思われるものを一つ選びなさい。

1）上司に，資料が多いので宅配便でホテルへ先に送ってもよいか確認した。
2）送る日を上司に伝えて，私物でも送る物があれば一緒に送ると言った。
3）送り忘れがあるといけないので，資料を宅配便の箱に入れるのは上司にお願いした。
4）宅配便は，上司到着の1日前に着くよう日にちを指定して手配した。
5）インターネットで到着の確認をした後，念のためホテルにも電話で確認した。

26 難易度ランク ★★　　　　　　　　✓CHECK! ☐☐☐

次は兼務秘書Aが，電子メールの送受信業務に関して行っていることである。中から<u>不適当</u>と思われるものを一つ選びなさい。

1）やりとりしたメールは記録として，全て印刷して保管するようにしている。
2）急用でメールを送るときは，件名の最初に「至急」と書くようにしている。
3）メールを送った後，数日たっても返信がないときは，電話で確認するようにしている。
4）件名は例えば「ご案内」ではなく，何の案内なのかが分かるように書くようにしている。
5）頻繁にやりとりをする相手であっても，初めに会社名と名前を書いて名乗るようにしている。

27 難易度ランク ★★　　　　　　　　✓CHECK! ☐☐☐

秘書Aは，社外の人を招いて行う上司主催の会議の開催通知状を作成することになった。次はAが通知状に書いたことである。中から<u>不適当</u>と思われるものを一つ選びなさい。

1）会議名と議題
2）開催日時と場所
3）議題の採決方法
4）出欠の連絡方法
5）同封の資料名

28 難易度ランク ★★　　　　　　　　✓CHECK! ☐☐☐

次は数枚の横書き文書をとじた絵である。中からとじ方が**適当**と思われるものを一つ選びなさい。

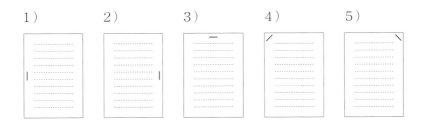

1）　2）　3）　4）　5）

29　難易度ランク ★★　　　　　　　　　　　　✓CHECK! ☐ ☐ ☐

秘書Ａは取引先Ｒ社のＴ氏から，「来月事務所を今の事務所の近くに移転することになった」と言われた。次はこのときＡがＴ氏に尋ねたことである。中から<u>不適当</u>と思われるものを一つ選びなさい。

1）　近くということだが，移転先はどこか。
2）　電話番号は同じか。
3）　最寄り駅は今までと同じか。
4）　移転は来月の何日の予定か。
5）　事務所移転のあいさつ状を送ってもらえないか。

30　難易度ランク ★★★　　　　　　　　　　　　✓CHECK! ☐ ☐ ☐

秘書Ａは上司から，これを送ってもらいたいと「香典（現金）の入った不祝儀袋」と「悔やみ状」を渡された。この場合どのような方法で郵送すればよいか。次の中から**適当**と思われるものを一つ選びなさい。

1）　一般書留で，不祝儀袋と悔やみ状を一緒に送る。
2）　現金書留で，不祝儀袋と悔やみ状を一緒に送る。
3）　悔やみ状は普通郵便で，不祝儀袋は一般書留でそれぞれ送る。
4）　普通郵便で「親展」にして，不祝儀袋と悔やみ状を一緒に送る。
5）　悔やみ状が先に届くよう普通郵便の速達で送り，不祝儀袋は後から現金書留で送る。

31 難易度ランク ★　　　　　　　　　　　✓CHECK! ☐☐☐

次は秘書Ａが，上司の社外会議への出席について配慮していることである。中から<u>不適当</u>と思われるものを一つ選びなさい。

1）定例会議の場合には，前回の議事録などを上司に渡している。
2）上司が社外会議へ出かけるときには，次の予定をメモして渡している。
3）上司が毎回出席している会議でも，出欠はその都度上司に確認している。
4）会議の時間が変わった場合は，手配してある車の変更をすぐにしている。
5）出欠の返事は，期限が近づいたら主催者に出欠状況を尋ね，上司に伝えてからにしている。

記述問題

マナー・接遇

32 難易度ランク ★★★　　　　　　　　　　✓CHECK! ☐☐☐

次は，新人秘書Ａが係長から「はさみを貸してほしい」と言われて渡そうとしている絵だが，係長は不機嫌そうな顔をしている。①それはなぜか。また，②Ａはどのようにすればよいか。それぞれ答えなさい。

33 難易度ランク ★　　　　　　　✓CHECK! ☐☐☐

　次の「　　」内は，部長秘書Ａの言葉遣いである。下線部分を，意味を変えずに丁寧な言い方に直して答えなさい。

1）来客に「どのような 用件ですか 」
2）上司に「後で ご覧いただけますか」
3）上司に「分かり ました。10部でございますね」
4）来客に「先日 送った 書類は届きましたでしょうか」

1）＿＿＿＿＿＿＿＿＿＿＿＿＿＿＿＿＿＿＿＿

2）＿＿＿＿＿＿＿＿＿＿＿＿＿＿＿＿＿＿＿＿

3）＿＿＿＿＿＿＿＿＿＿＿＿＿＿＿＿＿＿＿＿

4）＿＿＿＿＿＿＿＿＿＿＿＿＿＿＿＿＿＿＿＿

技　能

34 難易度ランク ★　　　　　　　✓CHECK! ☐☐☐

　次はコンピューターに関する用語の説明である。中から説明が間違っているものを選び，番号で（　　）内に答えなさい（番号の小さいものから順に書くこと）。

1．「セル」とは，コンピューターのプログラムに含まれる誤りや不具合のこと。
2．「インデント」とは，行頭に空白を入れて文字位置を変更する字下げ機能のこと。
3．「コピペ」とは，指定した範囲のデータを読み取って図やグラフにする機能のこと。
4．「データベース」とは，必要なとき取り出せるようにデータを蓄積したもののこと。

5.「フリーズ」とは，暗証番号を入力しないとシステムが作動しないようロックをかけること。

6.「メーラー」とは，電子メールの作成や送受信，保存，管理などを行うソフトウエアのこと。

(　　　　　　　　　　　　　　)

35 難易度ランク ★★　　　　　　　　　　　　　✓CHECK! ☐☐☐
　次は社内文書の書き方について述べたものである。下線部分に入る言葉を答えなさい。

1）用件は1文書に1件とし，その文書の内容が分かる＿＿＿＿＿＿を付ける。

2）発信者名は職名だけでよい。例えば，山田広報部長が発信するなら，＿＿＿＿＿＿と書く。

3）伝達事項を簡潔に伝えるために，日時や場所などは＿＿＿＿＿＿にする。

4）用件の最後には＿＿＿＿＿＿と書き，その下に担当者名などを書く。

1）＿＿＿＿＿＿＿＿＿＿＿＿＿＿＿＿

2）＿＿＿＿＿＿＿＿＿＿＿＿＿＿＿＿

3）＿＿＿＿＿＿＿＿＿＿＿＿＿＿＿＿

4）＿＿＿＿＿＿＿＿＿＿＿＿＿＿＿＿

（第131回　終わり）

秘書検定 **3** 級

第 **130** 回

問題

試験時間 110 分

必要とされる資質

1 難易度ランク ★　　　　　　　　　　　　✓CHECK! ☐☐☐

秘書Aは，来客が帰った後の応接室の片付けを忘れてしまったため，次に使った人から注意された。このような場合Aは，その人にどのように言うのがよいか。次の中から**適当**と思われるものを一つ選びなさい。

1）「仕事に没頭していてうっかりしておりました。申し訳ありませんでした」
2）「あのときは忙しかったので手が回りませんでした。お手数をおかけしました」
3）「申し訳ありませんでした。お知らせいただければこちらですぐに片付けましたのに」
4）「お客さまのお見送りに気を取られてつい忘れてしまいました。以後注意いたします」
5）「申し訳ありませんでした。来客があった後は必ず応接室の確認をするよう気を付けます」

2 難易度ランク ★　　　　　　　　　　　　✓CHECK! ☐☐☐

総務部のAは来月から部長秘書を兼務することになった。次はそのとき，Aが心がけようと考えたことである。中から<u>不適当</u>と思われるものを一つ選びなさい。

1）秘書でも総務部員なのだから，今まで通り総務の仕事にも積極的に関わるようにしよう。
2）他部署の秘書から学ぶこともあるから，機会があれば仕事ぶりを観察するようにしよう。
3）目上の人と接する機会が多くなるから，言葉遣いに注意し何事も謙虚な態度で行うようにしよう。
4）秘書の振る舞いは社内外から注目されるから，今まで以上に明るく生き生きとするようにしよう。
5）部の仕事と秘書業務のどちらも円滑に行うために，部員たちには何でも情報を公開し共有するようにしよう。

3

難易度ランク ★★★

営業部長秘書Ａが，部長会議の資料を広報部長に届けに行ったところ，「今月の売上データが知りたい」と言われた。Ａにはまだ他の部長に配る資料が残っている。このような場合，Ａは広報部長にどのように対応するのがよいか。次の中から<u>不適当</u>と思われるものを一つ選びなさい。

1）資料を配布し終わったら営業部にこのことを伝えると言う。
2）資料の配布中なので，配布し終わってからでもよいかと尋ねる。
3）急ぐのかを尋ね，それによって必要なら営業部に戻って伝える。
4）承知したと言って引き受け，すぐに営業部に知らせてから，残りの資料を配る。
5）戻って伝えるので，残りの資料は広報部長秘書に配ってもらってよいかと尋ねる。

4 難易度ランク ★★   ✓CHECK! □□□

部長秘書Aは上司から，「報告のタイミングがよくない。急ぎでなければ私の都合を考えてもらいたい」と注意された。次は，Aが報告をしない方がよいと考えたタイミングである。中から<u>不適当</u>（報告してよい）と思われるものを一つ選びなさい。

1）上司が商談の直前に，書類に目を通しているとき。
2）上司が会議から戻ってきて，Aがお茶を出したとき。
3）終業時間の間際に，上司が机の上を片付け始めたとき。
4）出張から戻った直後に，上司から土産を渡されたとき。
5）上司が本部長との電話を終えて，浮かない顔をしているとき。

5 難易度ランク ★★★   ✓CHECK! □□□

秘書Aの上司は友人と電話中である。話の内容から，上司がよく利用する店で今夜食事をする約束をしているようである。この場合Aはどのように気を利かせたらよいか。次の中から**適当**と思われるものを一つ選びなさい。

1）メモで，予約が必要なら自分がしようかと尋ねる。
2）その店に連絡し，席が空いているか確認しておく。
3）何か指示があるかもしれないので，上司のところへ行って控えている。
4）指示があったらすぐに予約できるよう，電話番号を手元に出しておく。
5）友人に店の電話番号を知らせるかもしれないので，メモして持っていく。

職務知識

6 難易度ランク ★★★　　　　　✓CHECK! ☐☐☐
次は秘書Aが今朝，上司の出社までに行ったことである。中から
<u>不適当</u>と思われるものを一つ選びなさい。

1）今朝は気温が高かったので，上司室の室温を低めに設定しておいた。
2）上司の机上のメモ用紙が残り少なくなっていたので補充しておいた。
3）上司は出社後すぐに薬を飲むので，水を入れたグラスを上司の机の上に置いておいた。
4）自分のパソコンに急ぎのメールが入っていないか確認し，処理する順番を決めておいた。
5）上司の事務用品で消耗して使いにくくなっている物があったので，新しい物に替えておいた。

7 難易度ランク ★★★　　　　　✓CHECK! ☐☐☐
秘書Aはある日，今まで自分が指示されていた仕事を，上司が部員Cに指示しているのを見かけた。Cがその仕事をするのは初めてのはずである。このような場合，Aはどのようにするのがよいか。次の中から**適当**と思われるものを一つ選びなさい。

1）上司は何か考えがあってCに指示したのだろうから，しばらく様子を見る。
2）Cがその仕事を終えるのを待って，Cに上司から指示された事情を尋ねる。
3）Cから聞かれる前に自分から，「自分の今までのやり方を教えようか」と言う。
4）上司に，「今まで自分がしていた仕事をなぜCに指示したのか」と理由を尋ねる。
5）上司に，「今まで自分がしていた仕事なので，Cの手伝いをしようか」と申し出る。

8 難易度ランク ★ ✓CHECK! □□□

秘書Aは上司から，Y社に資料を届けることと退社時間までに集計表を仕上げることを指示された。しかし両方はできないので上司の了承を得て，AがY社に資料を届けて戻るまでの間，同僚Eに集計表の作成を手伝ってもらうことにした。次はそのときAがEに伝えたことである。中から不適当と思われるものを一つ選びなさい。

1) Aが戻る予定の時間。
2) 上司の了承を得ていること。
3) 進めておいてもらいたい範囲。
4) 集計するとき注意が必要な箇所。
5) Y社に届ける資料名とY社の電話番号。

9 難易度ランク ★★★ ✓CHECK! □□□

秘書Aは上司（部長）に指示されて，取引先の課長に部長の名前で資料を郵送した後，資料を1枚入れ忘れたことに気付いた。Aはすぐ上司に報告し，送り状を添えてその資料を送ることにした。このような場合，送り状の発信者は誰にするのがよいか。次の中から適当と思われるものを一つ選びなさい。

1) 資料を入れ忘れたのはAだから，Aの名前にする。
2) 前の送り状の発信者は部長だから，今回も部長にする。
3) 前の送り状の続きということになるので，発信者名は必要ない。
4) 前の送り状の発信者である部長と，入れ忘れたAの連名にする。
5) ミスの責任はその上位者にあるから，部長の上司である本部長にする。

10 難易度ランク ★★ ✓CHECK! □□□

秘書Aは上司から，上司の友人S氏に電話で伝えるようにと内容が書かれたメモを渡された。AがS氏に電話をしたところ不在だったので，留守番電話に次のメッセージを入れておくことにした。中から不適当と思われるものを一つ選びなさい。

1）上司の近況。
2）おおよその用件。
3）電話をもらいたい。
4）Aの名前と電話番号。
5）Aが会社にいる時間。

一般知識

11 難易度ランク ★★　　✓CHECK! □□□
次は合計が10名になる言い方である。中から<u>不適当</u>と思われるものを一つ選びなさい。

1）鈴木氏他10名
2）鈴木氏ら10名
3）鈴木氏以下10名
4）鈴木氏を含め10名
5）鈴木氏はじめ10名

12 難易度ランク ★★★★　　✓CHECK! □□□
次の「　　」内は下のどの用語の説明か。中から**適当**と思われるものを一つ選びなさい。

「代金の支払いや貸したお金の返済などを求める権利」

1）特権
2）債権
3）利権
4）所有権
5）請求権

13 難易度ランク ★★★★   ✓CHECK! ☐☐☐

秘書Aが上司から渡される領収書の中には，収入印紙が貼ってある物があり，そこには印が押されている。この印を消印というが，消印とは何を意味しているか。次の中から**適当**と思われるものを一つ選びなさい。

1）店の印を押して，その店が領収したということ。
2）領収書の金額が，その店の収入になったということ。
3）印を押すことで，収入印紙で税金を納めたということ。
4）店の印を押して，その店が領収書を発行したということ。
5）領収書を作成した人の印を押して，その人が作成したということ。

マナー・接遇

14 難易度ランク ★★★★   ✓CHECK! ☐☐☐

秘書Aは上司から買い物を頼まれた。このような場合，どのようにして外出するのがよいか。次の中から**適当**と思われるものを一つ選びなさい。

1）上司の使いで外出するとメモに書き，それを自分の机の上に置いて外出する。
2）上司の指示で買い物に出るのだから，戻る時間を上司にだけ伝えて外出する。
3）上司に，すぐ行くが誰に断っておけばよいか尋ねて，その人に伝えて外出する。
4）先輩に，上司から買い物を頼まれて外出したいがよいかと許可を得てから外出する。
5）隣の席の人に，上司の使いで買い物に行くと言い，戻る予定の時間を伝えて外出する。

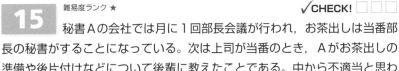

15 難易度ランク ★　　　　　　　　　　　✓CHECK! □□□

秘書Aの会社では月に1回部長会議が行われ，お茶出しは当番部長の秘書がすることになっている。次は上司が当番のとき，Aがお茶出しの準備や後片付けなどについて後輩に教えたことである。中から<u>不適当</u>と思われるものを一つ選びなさい。

1）湯飲み茶わんやコップの数，茶葉や飲み物などのストックを確認しておくこと。
2）会議が長引くと分かっているときは，お茶のお代わりはどのようにするか上司に確認しておくこと。
3）会議が終わって使った茶器などを片付けるときは，数を確認しながら所定の場所にしまうこと。
4）飲み残しがあったら，後でその部長の秘書を通じて，入れ方に問題があったのか尋ねること。
5）次回に申し送ることがあれば，次の当番部長の秘書に伝えること。

16 難易度ランク ★★★★　　　　　　　　✓CHECK! □□□

秘書Aは，上司の使いで取引先W社のU部長を訪問した。下の図は，座って待つようにと案内された応接室のレイアウトであるが，席は指定されなかった。このときAは，どの席でU部長を待つのがよいか。次の中から**適当**と思われるものを一つ選びなさい。

1）①
2）②
3）③
4）④
5）⑤

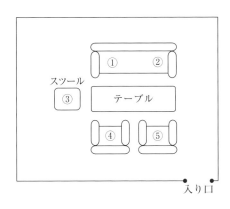

17 難易度ランク ★★★　　　　　　　　　　✓CHECK! ☐☐☐

次は秘書Ａが，上司（山田部長）を訪ねてきた客に言ったことである。中から**不適当**と思われるものを一つ選びなさい。

1）見知らぬ不意の客に
「失礼でございますが，ご来社は初めてでしょうか」
2）他部署からの帰りという顔見知りの客に
「申し訳ございません。たった今出かけてしまいました」
3）予約時間より早く来た客に
「お約束のお時間の20分前でございますが，すぐにお取り次ぎいたします」
4）昼近くに，ちょっと寄ったという上司の友人に
「ただ今会議中ですが，12時までには終わる予定です。お待ちになりますか」
5）朝早くに来てもらった客に
「おはようございます。早いお時間においでくださいましてありがとうございます」

18 難易度ランク ★　　　　　　　　　　✓CHECK! ☐☐☐

次は秘書Ａが説明をするときに心がけていることである。中から**不適当**と思われるものを一つ選びなさい。

1）伝わっているかどうか，相手の反応を見ながら説明するようにしている。
2）重要な箇所は強調した言い方で説明し，場合によっては繰り返している。
3）数字が多い内容の説明は，分かりやすくするために表やグラフにしている。
4）複雑な箇所は説明しても分かりにくく時間もかかるので，断って省略している。
5）長い内容のものは断って要約して説明し，必要なら質問を受けるようにしている。

19 難易度ランク ★★   ✓CHECK! ☐☐☐

秘書Ａの上司が１２時過ぎに外出から戻ってきた。このとき，Ａが上司に食事は済んだかどうかを尋ねるには，どのように言うのがよいか。次の中から言葉遣いが<u>不適当</u>と思われるものを一つ選びなさい。

1）「お食事はお済みですか」
2）「お食事はされましたか」
3）「お食事はなさられましたか」
4）「お食事は召し上がりましたか」
5）「お食事はお取りになりましたか」

20 難易度ランク ★★   ✓CHECK! ☐☐☐

次は秘書Ａが日ごろ行っていることである。中から<u>不適当</u>と思われるものを一つ選びなさい。

1）廊下などを歩くときは，急いでいないときでも足早にしている。
2）電話で相手にわびの言葉を言うときは，相手が見えなくても頭を下げている。
3）上司に呼ばれてもすぐに行けないときは，返事だけして隣の人に行ってもらっている。
4）会議などの準備で会議室に入るときは，ドアの表示が「空室」になっていてもノックしてから入室している。
5）来客にソファを勧めるときは，少し前かがみになって「どうぞ」と言って，座ってもらう場所を手で示している。

21 難易度ランク ★   ✓CHECK! ☐☐☐

山田部長秘書Ａが上司のことを言うとき，「山田部長」と<u>言ってはいけない</u>相手がいる。次の中からそれを一つ選びなさい。

1）Ａの同僚
2）取引先の人

3）上司の部下
4）上司の上役
5）他部署の部長

22 難易度ランク ★★★　　　　　　　✓CHECK! ☐☐☐

秘書Aは，来訪した上司の友人K氏から，郷里の名産だというサクランボを渡された。次は，この頂き物についてAが順に行ったことである。中から不適当と思われるものを一つ選びなさい。

1）大きく艶やかなサクランボだったので，K氏に銘柄を尋ねた。
2）頂いたことを上司に報告し，皆で食べてよいかと尋ねた。
3）K氏からの頂き物だと言って皆に配った。
4）上司のところに持って行ったとき，一緒にいたK氏に食べるかと尋ねた。
5）外出中の人の分は，帰社したとき出すことにして冷蔵庫にしまっておいた。

23 難易度ランク ★★★　　　　　　　✓CHECK! ☐☐☐

次の「　　」内は，部長秘書Aが言った言葉である。中から不適当と思われるものを一つ選びなさい。

1）社内のエレベーターに乗ったとき，客らしい人に「こんにちは」
2）社内の廊下で，前を歩いていた人を追い越すとき，「失礼いたします」
3）朝早くに出社したとき，既に仕事をしている先輩に「おはようございます。お早いですね」
4）昼食を済ませてレストランを出るとき，別の席で食事をしている課長に「お先に失礼します」
5）上司の指示で急ぎ本部長のところへ行くとき，周りの人に「本部長のところに行きますが，何かついでの用事はありますか」

技 能

24 難易度ランク ★★★
次は名刺の整理について述べたものである。中から<u>不適当</u>と思われるものを一つ選びなさい。

1）個人名か会社名の五十音順で整理するのがよい。
2）縦書きの名刺も横書きの名刺も区別しなくてよい。
3）使わなくなった名刺は，別に保管しておくとよい。
4）名刺の数が多いときは，名刺整理箱で整理するのがよい。
5）私的な関係の名刺と仕事上の名刺は，分けて整理するとよい。

25 難易度ランク ★★★★
次はファイル用品とその説明である。中から<u>不適当</u>と思われるものを一つ選びなさい。

1）「ラベル」とは，タイトルを書いてフォルダーの見出し部分に貼る紙のことである。
2）「ファイルボックス」とは，フォルダーを収納しておく引き出し式の収納具のことである。
3）「ガイド」とは，キャビネットの中でフォルダーの区切り（分類）の役をする厚紙などのことである。
4）「フラットファイル」とは，中にとじ具の付いている書類挟みのことである。レターファイルともいう。
5）「持ち出しフォルダー」とは，文書を持ち出すときなどに使うフォルダーのことである。貸し出しフォルダーともいう。

26 難易度ランク ★
秘書Aは上司の予定を管理している。次は予定通りにいかなかった日の原因として考えたことである。中から<u>前もって気を付けていれば防げたもの</u>を一つ選びなさい。

1）いつも長引く定例会が今回も長引いたから。
2）上司の出社が急な私用のため午後になったから。
3）来客が予約時間を間違えて30分遅く来社したから。
4）上司の知人の告別式を急に知らされて参列したから。
5）上司の外出先からの戻りが事故渋滞により遅れたから。

27 難易度ランク ★★★　　　　　　　　✓CHECK! □□□
次は秘書Ａが作成した，上司名で発信する社内文書の書き方である。中から<u>不適当</u>と思われるものを一つ選びなさい。

1）発信日は省略しないで年月日を書いた。
2）本文の最初に簡単なあいさつ文を書いた。
3）用件は箇条書きを用いて簡潔に書いた。
4）用件の最後に「以上」と書いた。
5）担当者名としてＡの所属部署と名前を書いた。

28 難易度ランク ★★★　　　　　　　　✓CHECK! □□□
秘書Ａは上司（部長）から，「課長会議を行うので準備を頼む」と言われた。次はこのときＡが上司に確認したことである。中から<u>不適当</u>と思われるものを一つ選びなさい。

1）日時はいつか。
2）お茶は出すか。
3）記録はどうするか。
4）用意する資料はあるか。
5）会議の進行はどのようにするか。

29 難易度ランク ★　　　　　　　　　　✓CHECK! □□□
人事部の兼務秘書Ａは後輩Ｃから，「昨日，退社が最後になってしまい戸惑ったので，退社前に点検することを教えてもらえないか」と言わ

れた。次はこのときＡがＣに教えたことである。中から<u>不適当</u>と思われるものを一つ選びなさい。

1）郵便物の出し忘れがないか。
2）机の上が乱れている人はいないか。
3）給湯室の水回りは片付いているか。
4）施錠すべきキャビネットに鍵はかかっているか。
5）プリンターやコピー機の電源を切り忘れていないか。

30 難易度ランク ★★★★ ✓CHECK! ☐☐☐
Ｎ宣伝部長秘書Ａが郵便物の仕分けをしていると，営業部に異動した前の宣伝部長のＧ宛てに取引先Ｐ社から年度版の製品パンフレットが届いていた。このような場合，Ａはどのようにすればよいか。次の中から**適当**と思われるものを一つ選びなさい。

1）Ｇ宛てだから，Ｇにどのようにすればよいか尋ねる。
2）Ｇは営業部に異動したのだから，営業部長秘書に渡す。
3）Ｇは異動して今はいないのだから，宣伝部内で回覧する。
4）宣伝部長宛ての製品パンフレットだから，今の宣伝部長のＮ部長に渡す。
5）Ｐ社に連絡し，Ｇは異動したので現在の宣伝部長のＮ宛てに送り直してもらいたいと頼む。

31 難易度ランク ★★ ✓CHECK! ☐☐☐
次は横書き文書で漢数字を書いた例である。中から<u>不適当</u>と思われるものを一つ選びなさい。

1）二百五件
2）四半世紀
3）一石二鳥
4）数十万円
5）四，五日

記述問題

マナー・接遇

32 難易度ランク ★★★   ✓CHECK! ☐☐☐

次は新人秘書Ａが，配属先の営業部で課長から紹介され部員の前であいさつをしている絵だが，隣で課長が不愉快そうな顔をしている。①それはなぜだと思うか。また，②Ａはどのようにすればよいか。それぞれ答えなさい。

33 難易度ランク ★ ✓CHECK! ☐☐☐

次の表は，太線内の普通の言葉とその尊敬語と謙譲語である。
1）〜3）の空欄に適切な言葉を書き入れて表を完成させなさい。

尊敬語	普通の言葉	謙譲語
おっしゃる	言う	1）
2）	見る	拝見する
お尋ねになる	尋ねる	3）

技 能

34 難易度ランク ★★ ✓CHECK! ☐☐☐

次の物を送るときの適切な郵送方法を枠内から選び，その番号を
（　　）内に一つずつ答えなさい（番号は重複しないようにすること）。

1）書籍
2）請求書
3）重要な文書
4）急ぎの文書

1　通常郵便	2　速達	3　エアメール
4　簡易書留	5　ゆうメール	6　料金受取人払

1）（　　　　）　2）（　　　　　）

3）（　　　　）　4）（　　　　　）

35 難易度ランク ★★

秘書Aは上司から，下のように宛名が印刷してある返信のはがきを渡され，出しておいてもらいたいと言われた。このような場合，相手に対する敬称はどのように書けばよいか。はがきに書き入れなさい。

```
┌──────────────────────────────────────────┐
│ ┌─────┐   郵 便 は が き                      │
│ │     │  ┌─┬─┬─┬─┬─┬─┬─┐                   │
│ │     │  │1│6│9│0│0│7│5│                   │
│ └─────┘  └─┴─┴─┴─┴─┴─┴─┘                   │
│                                            │
│         公        ア     新                 │
│         益        ン     宿                 │
│         財        ケ     区                 │
│         団        ー     高                 │
│         法        ト     田                 │
│         人        係     馬                 │
│                        場                 │
│         実        行     一                 │
│         務              丁                 │
│         技              目                 │
│         能              四                 │
│         検              番                 │
│         定              十                 │
│         協              五                 │
│         会              号                 │
│                                            │
└──────────────────────────────────────────┘
```

（第130回　終わり）

秘書検定 3 級

第 **129** 回

問題

試験時間 110 分

必要とされる資質

1 難易度ランク ★★★ ✓CHECK! ☐☐☐

次は新人秘書Aが先輩から，普段の心がけとして教えられたことである。中から不適当と思われるものを一つ選びなさい。

1）自分の仕事が済んで手が空いたら，上司や先輩に何か手伝うことはないか尋ねること。

2）上司の出張中は留守を預かりながら，日ごろできない書棚やキャビネット内の整理などをすること。

3）指示されて準備した会議の資料は，自分用にコピーを取って読み，上司の仕事内容を把握すること。

4）自分の仕事をきちんと行いながらも，先輩の電話応対に耳を傾けるなどして対応の仕方や言葉遣いを学ぶこと。

5）先輩から仕事を教えてもらっているとき途中で先輩が席を外すことがあったら，今までのところを復習していること。

2 難易度ランク ★★ ✓CHECK! ☐☐☐

次は秘書Aが，外出から戻った上司（部長）に言ったことである。中から不適当と思われるものを一つ選びなさい。

1）上司が「商談が成功した。本部長によい報告ができる」と言ったとき
「本部長にお時間を頂けるよう，ご連絡いたしましょうか」

2）留守中に課長が「部長はまだ戻らないか」と何度も来ていたとき
「課長がご用がおありのようでした。お呼びしてよろしいでしょうか」

3）上司から取引先のM氏に礼としてもらったと菓子折りを渡されたとき
「ありがとうございます。どのようなことに対してのお礼でしょうか」

4）留守中に上司の自宅から電話があったが，特に伝言はなかったとき

「ご自宅からお電話がございました。特に何もおっしゃっていませんでした」
5）上司が疲れた様子のとき
「濃いめのお茶をお持ちいたしましょうか。それともコーヒーがよろしいですか」

3 難易度ランク ★★　　　　✓CHECK! ☐☐☐

秘書Aは会議から戻った上司から，「資料の順番が違っていたので説明しにくかった」と注意された。順番は上司に確認してそのようにしたのだが，このような場合，Aは上司に謝った後，どのように言うのがよいか。次の中から<u>不適当</u>と思われるものを一つ選びなさい。

1）「私の確認不足でございました。これからは注意いたします」
2）「これからは出来上がったとき，ご覧いただくようにいたします」
3）「注意が足りませんでした。どのようにしたらよかったのでしょうか」
4）「今後はセットしたものを1部お見せしてから準備するようにいたします」
5）「ご指示通りの順番にしたつもりでしたが，以後気を付けるようにいたします」

4 難易度ランク ★★★　　　　✓CHECK! ☐☐☐

秘書Aの上司が外出中，取引先のL氏から電話があった。「上司から頼まれていた資料が出来上がった」とのことである。L氏の会社はAの会社の近くにある。次はそのときAがL氏に，「上司は外出中なので戻ったら伝える」と言った後の対応である。中から<u>不適当</u>と思われるものを一つ選びなさい。

1）受け取りの方法は決まっていたかと尋ねる。
2）こちらから取りに行ってもよいかと尋ねる。
3）受け取りについて後で連絡させてもらうと言う。

4）取りに行くとしたら何時ごろがよいかと尋ねる。

5）受け取りは上司が戻るまで待った方がよいかと尋ねる。

5 難易度ランク ★★★★　　　　　　　　✓CHECK! ☐☐☐

秘書Aの上司はAに仕事の指示をした後，内容を変更することがよくある。次はAが，このような上司への対応として考えたことである。中から不適当と思われるものを一つ選びなさい。

1）指示されたときに，変更があったら早めに教えてもらいたいと頼んでおく。

2）期限までに余裕がある指示のときは，しばらく様子を見てから取りかかる。

3）指示された仕事に取りかかるとき，今から始めるが指示通りに進めてよいか確認する。

4）指示されたときに変更可能な期限を伝え，それ以降だと出来上がりが遅くなると伝えておく。

5）指示通りに進めてみるが，変更があると支障が出そうなところまでできたら，変更はないか確認する。

職務知識

6 難易度ランク ★★★　　　　　　　✓CHECK! ☐☐☐

総務部長秘書Aのところに届いた上司宛ての書類の中に，「人事部長宛て」の書類が入っていた。書類の発信者は広報部長である。このような場合，Aはどのように対処したらよいか。次の中から適当と思われるものを一つ選びなさい。

1）Aの上司は総務部長なので，どのようにするか上司に尋ねる。

2）人事部長宛てなので，人事部長秘書に連絡して取りに来てもらう。

3）人事部長宛ての書類なので，人事部長にどのようにするか尋ねる。

4）発信者は広報部長なので，広報部長に連絡してどのようにするか尋ねる。

5）Ａのところに届いたとしても人事部長宛てなのだから，人事部長
秘書に届ける。

7 難易度ランク ★★★　　　　　✓CHECK! ☐☐☐

秘書Ａは上司から分厚い資料を渡され，「４時ごろまでに印の付
いている部分をまとめて一つの資料にしてもらいたい」と言われた。パソコ
ンで作成することになるが４時には間に合いそうもない。このような場合，
Ａは上司にどのように対応するのがよいか。次の中から<u>不適当</u>と思われるも
のを一つ選びなさい。

1）同僚に手伝ってもらえば時間までにできそうだがそれでもよいか，
と尋ねる。
2）できるところまでやってみて４時ごろいったん報告する，と言っ
て取りかかる。
3）できるだけのことはするが時間を少し延ばしてもらうことはでき
ないか，と尋ねる。
4）二人でやれば確実に間に合うが手伝ってもらう場合は誰に頼めば
よいか，と尋ねる。
5）すぐに始めるが進み具合によっては同僚に頼むかもしれない，と
断ってから取りかかる。

8 難易度ランク ★★★ ✓CHECK! ☐☐☐

秘書Aは上司から，友人の告別式に参列することになったと言われた。ところがその時間には社内会議が予定されている。このような場合，Aはどのように対処するのがよいか。次の中から**適当**と思われるものを一つ選びなさい。

1）社内会議の担当者に事情を話して，会議は欠席することになると思うと伝えておく。
2）社内会議の担当者に事情を話して，社内会議の日時を変更してもらえないかと頼んでおく。
3）上司に，告別式の時間には社内会議が予定されているがどのようにすればよいかと尋ねる。
4）告別式の日時は変えることができないので，上司に，社内会議の日時の変更を指示してもらいたいと言う。
5）上司と社内会議の担当者に，社内会議と告別式の日時が重なったのでスケジュールを調整してもらいたいと頼む。

9 難易度ランク ★★ ✓CHECK! ☐☐☐

秘書Aは終業時間近くに，上司から急な使いを頼まれた。そのため，今日やろうと思っていたことが残ってしまう。次はこのときAが，今日ではなく明日にしようとしたことである。中から<u>不適当</u>と思われるものを一つ選びなさい。

1）たまっていた名刺の整理
2）来週使う会議資料のセット
3）足りない事務用品のチェック
4）上司の明後日の出張の列車予約
5）上司が世話になった出張先への礼状作成

10 難易度ランク ★★★　　　　　　　　　✓CHECK! ☐☐☐

秘書Aは上司から,「おととい宅配便で資料を送ったとZ氏(取引先)から電話があったが,届いているか」と聞かれた。Aは受け取っていないので調べてみると言った。次はその後Aが順に行ったことである。中から不適当と思われるものを一つ選びなさい。

1) 上司の自宅宛てということはないかと上司に尋ねた。
2) 社内の他の部署に間違って届いていないか確かめた。
3) Z氏に電話をして,宅配業者名と控えの伝票番号を教えてもらった。
4) インターネットで調べたところ今日の配達になっていたので,上司にそのことを報告した。
5) 今日配達されることは,Z氏にも伝えておくと上司に言った。

一般知識

11 難易度ランク ★★★　　　　　　　　　✓CHECK! ☐☐☐

次は用語とその意味(訳語)の組み合わせである。中から不適当と思われるものを一つ選びなさい。

1) オーナー　　　＝　所有者
2) マネジャー　　＝　支配人
3) サポーター　　＝　支援者
4) エキスパート　＝　専門家
5) エージェント　＝　添乗員

12 難易度ランク ★★★　　　　　　　✓CHECK! ☐ ☐ ☐

次の「　　」内は下のどの用語の説明か。中から**適当**と思われる
ものを一つ選びなさい。

「規模を大きくすることによって得られる有利性」

1）アウトプット
2）ラインアップ
3）ピックアップ
4）スケールアップ
5）スケールメリット

13 難易度ランク ★　　　　　　　　　　✓CHECK! ☐ ☐ ☐

次は直接関係ある用語の組み合わせである。中から<u>不適当</u>と思わ
れるものを一つ選びなさい。

1）取締役　　——　　役員
2）有価証券　——　　年金
3）為替相場　——　　円安
4）金融機関　——　　金利
5）株式会社　——　　資本金

マナー・接遇

14 難易度ランク ★★　　　　　　　　　　✓CHECK! ☐☐☐

秘書Aは外出先で上司と一緒にタクシーに乗ることになった。このような場合，一般的に上司とAはそれぞれどこに座ることになるか。次の中から**適当**と思われるものを一つ選びなさい。

1）上司　②　　A　④
2）上司　④　　A　③
3）上司　①　　A　④
4）上司　①　　A　②
5）上司　④　　A　②

㊜は運転手の席

第129回問題

15 難易度ランク ★　　　　　　　　　　✓CHECK! ☐☐☐

次は秘書Aが周りの人との関係をよくするために，話をするとき心がけていることである。中から<u>不適当</u>と思われるものを一つ選びなさい。

1）相手や話題によっては，思った通りのことを言わないようにしている。
2）同僚や後輩と雑談するときは，やや砕けた調子で話すようにしている。
3）顔だけでなくできるだけ体全体を相手の方に向けて話すようにしている。
4）上司や先輩に対しては，勤務時間外もきちんとした話し方をするようにしている。
5）数人で話しているときに話が途切れたら，自分からは話さずに誰かが話し出すのを待つようにしている。

59

16 難易度ランク ★★★　　　　　　　　　✓CHECK! ☐☐☐

次は部長秘書Ａの言葉遣いである。中から不適当と思われるものを一つ選びなさい。

1) 上司が外出先から戻ったとき
「お疲れさまでございました」
2) ＡＢＣ商事のＦ氏からもらった手土産を上司に見せるとき
「ＡＢＣ商事のＦ様から頂きました」
3) 自社の住所と電話番号を社外の人に伝えるとき
「ご住所とお電話番号をご案内いたします」
4) 課長から預かってきた書類を上司に渡すとき
「課長からこちらの書類を預かってまいりました」
5) 本部長の午後の予定を本部長秘書に尋ねるとき
「本部長の午後のご予定を教えていただけますか」

17 難易度ランク ★★　　　　　　　　　　✓CHECK! ☐☐☐

秘書Ａの上司は部長会議に出席しているが，長引いているらしくまだ戻ってきていない。そこへ取引先のＴ氏が予約の時間に来訪した。次はこのときＡが順に行ったことである。中から不適当と思われるものを一つ選びなさい。

1) Ｔ氏に，「本日はご来社いただきありがとうございます。お待ちしておりました」とあいさつをした。
2) Ｔ氏に，上司は会議が長引いていてすぐには会えないとわび，「少々お待ち願えませんでしょうか」と言った。
3) Ｔ氏を応接室へ案内し，お茶を出し「よろしければどうぞ」と言って雑誌と新聞をテーブルの上に置いた。
4) 会議中の上司に，Ｔ氏が来訪したことを伝え「あとどれくらいで終わりそうですか」と小声で尋ねた。
5) 会議が終わって戻ってきた上司に，「応接室でお待ちです」と伝え，二人分のお茶の準備をした。

18 難易度ランク ★　　　　　　　　　　✓CHECK! ☐☐☐

秘書Aは先輩から，もっとてきぱきと行動するようにと注意された。次はそのとき言われたことである。中から<u>不適当</u>と思われるものを一つ選びなさい。

1）上司に呼ばれたら，自分の仕事は中断してすぐに上司のところへ行くこと。
2）Aのところに来て声をかける人がいたら，相手が誰であってもすぐに応じること。
3）社内を歩くときは，特に急いでいないときでもさっさと歩くように習慣付けること。
4）顔見知りの客が訪れたときは，あいさつは省略して用件を尋ね手早く取り次ぐこと。
5）電話の呼び出し音が鳴ったら，急ぎの仕事をしていても2回以内には出るようにすること。

19 難易度ランク ★★　　　　　　　　　✓CHECK! ☐☐☐

秘書Aは上司から，「学生時代の恩師が亡くなった。告別式に参列するので香典を用意してもらいたい」と頼まれた。告別式の形式（仏式，神式，キリスト教式など）は分からないという。このような場合，Aはどのような上書きの香典袋を用意すればよいか。次の中から**適当**と思われるものを一つ選びなさい。

1）御花料
2）御霊前
3）御榊料
4）御神前
5）御仏前

20 難易度ランク ★★　　　　　　　✓CHECK! □ □ □

　Ｋ社マーケティング部の秘書Ａ（上田あや）は，初めて上司（神原部長）の自宅に電話をすることになった。このような場合Ａは，自分のことをどのように言えばよいか。次の中から**適当**と思われるものを一つ選びなさい。

1）「Ｋ社の上田あやでございます」
2）「神原部長と同じ会社の上田と申します」
3）「上田という，部長の秘書でございます」
4）「Ｋ社マーケティング部の上田と申します」
5）「Ｋ社マーケティング部の者でございます」

21 難易度ランク ★★★　　　　　　　✓CHECK! □ □ □

　秘書Ａは上司の指示で急ぎの仕事をしていたところ，来客と面談中の上司からコーヒーを出してもらいたいと言われた。先ほど緑茶を出したばかりである。このような場合，Ａはどのように対応するのがよいか。次の中から**適当**と思われるものを一つ選びなさい。

1）上司に，急ぎの仕事のめどが立ってから出すのでは駄目かと尋ねる。
2）上司に承知したと言い，後輩に事情を話して代わりに出してもらう。
3）上司に，急ぎの仕事が終わっていないが，私でないと駄目かと尋ねる。
4）上司に，急ぎの仕事とコーヒーを出すのとどちらを優先させるか指示を得る。
5）上司に，さっき緑茶を出したばかりだがコーヒーを出せばよかったのかと尋ねる。

22 難易度ランク ★★ ✓CHECK! ☐☐☐

　秘書Aは上司から他部署への使いを頼まれて急いで歩いていると，顔見知りのJ氏（取引先）が前を歩いていた。このような場合Aは，J氏を追い越すときどのようにすればよいか。次の中から**適当**と思われるものを一つ選びなさい。

1）黙って会釈しながら追い越す。
2）立ち止まってお辞儀をしてから追い越す。
3）J氏と肩を並べ，目礼しながら追い越す。
4）後ろからなので，何もしないで黙って追い越す。
5）「失礼いたします」と言いながら会釈をしてから追い越す。

23 難易度ランク ★★ ✓CHECK! ☐☐☐

　秘書Aは上司から，10時に取引先へ行って書類を受け取り，説明を聞いてくるように指示された。先方の担当者にはAが行くことを連絡してあるという。次はそのときのAの一連の行動である。中から<u>不適当</u>と思われるものを一つ選びなさい。

1）約束の時間に間に合うように会社を出て，下車駅で担当者に「これから行く」と電話で連絡した。
2）受付では，会社名と名前を伝えて担当者への取り次ぎを頼み，担当者が来るのを待った。
3）担当者が来たときあいさつをして名乗り，名刺を渡して用件を話した。
4）来客応接用のコーナーに案内されたとき，奥の席を勧められたので礼を言ってその席に座った。
5）担当者から書類を受け取って説明を受けた後，上司に伝えると言って礼を述べた。

技　能

24 難易度ランク ★★★★　　　　　　　✓CHECK! ☐☐☐

営業部長秘書Aのところに営業部の係長が，昨年の「取引先別販売実績表」を貸してもらいたいと言ってきた。この資料は「社外秘」である。このような場合，Aはどのように対応すればよいか。次の中から**適当**と思われるものを一つ選びなさい。

1）係長は社員なので，すぐに貸す。
2）原本は貸せないので，コピーをして貸す。
3）秘扱い文書なので，課長の許可があるか尋ねる。
4）部長の許可を取ってくると言って，待ってもらう。
5）貸し出すことはできないので，この場で見てもらう。

25 難易度ランク ★★★★　　　　　　　✓CHECK! ☐☐☐

次は郵便について述べたものである。中から<u>不適当</u>と思われるものを一つ選びなさい。

1）「郵便はがき」は，速達扱いにはできない。
2）「ゆうメール」は，書籍やDVDなどを安価に送れる。
3）「封書」は，大きさや重さによって郵便料金が異なる。
4）「往復はがき」で返信をするときは，切り離して使う。
5）「料金別納」は，郵便料金をまとめて支払えるので便利である。

26 難易度ランク ★★　　　　　　　✓CHECK! ☐☐☐

次は部長秘書Aが言ったことである。中から数え方が<u>不適当</u>と思われるものを一つ選びなさい。

1）後輩に「研修室に椅子を6脚運んでください」
2）来客に「あちらにエレベーターが2基ございます」
3）来客に「パンフレットは何部ご用意いたしましょうか」
4）上司に「課長が，会議に議案を1件追加したいとのことです」
5）上司に「応接室にある観葉植物の鉢植えを1体増やしましょうか」

27 難易度ランク ★★ 　　　　　✓CHECK! ☐☐☐

秘書Ａは来客などの名刺を整理するとき，後で役立つと思うことをメモしている。次はＡが名刺に書いておいたことである。中から<u>不適当</u>と思われるものを一つ選びなさい。

1）背が高い人だったので，そのことを書いておいた。
2）読み方が難しい名字だったので，読み方を書いておいた。
3）取引のある会社だったので，取引の内容を書いておいた。
4）約束の時間ちょうどに来たので，そのことを書いておいた。
5）社名からは業種が分からなかったので，調べて書いておいた。

28 難易度ランク ★★★★ 　　　　✓CHECK! ☐☐☐

次は秘書Ａが，普段行っている通信業務である。中から<u>不適当</u>と思われるものを一つ選びなさい。

1）上司が出張先で使う資料を前もって宅配便で送ったときは，到着を確認して上司に報告している。
2）数人から返事をもらう内容のメールのときは，できるだけ全員の返事がそろってから上司に報告している。
3）外出先の上司に連絡するときは，内容によっては携帯電話にメールを送ってから電話をするようにしている。
4）上司から郵便を至急送るよう指示されることもあるので，会社から一番近い郵便ポストの収集時間を把握している。
5）取引先に文書をファクスで送信するときは，到着の確認をしたいので届いたら連絡をもらいたいと送信状に書いている。

29 難易度ランク ★ 　　　　　　✓CHECK! ☐☐☐

次は秘書Ａが上司（営業本部長）から，「W支店が行う取引先との懇親会に出席することになったので，詳しいことを支店長秘書に確認しておくように」と言われて確認したことである。中から<u>不適当</u>と思われるものを一つ選びなさい。

1）何社くらい出席する予定か。
2）出席者には，どのくらいの年齢の人が多いか。
3）懇親会全体の進行はどのようになっているか。
4）会場はどこか，何時までに到着すればよいか。
5）上司があいさつをすることは予定されているか。

30 難易度ランク ★★　　　　　　　　　　　✓CHECK! □□□

秘書Aは上司のスケジュール管理をしているが，スケジュール通りにいかないことがある。次の「　　」内は，Aがその対策として考えたことである。中から不適当と思われるものを一つ選びなさい。

1）社外の会合に車で出かける途中，交通渋滞に遭いそうなときは
「会合に出かけるときの所要時間に余裕を持たせるようにしようか」
2）外出から戻った後に予定があるのに，戻りが遅れることがあるので
「外出するとき，戻った後の予定を書いたメモを渡すようにしようか」
3）体調がよくないと言って午後に退社することがあるので
「顔色などに気を付けていて，気配を感じたら午後の予定について尋ねるようにしようか」
4）他に予定があるのに急に社内会議に招集されることがあるので
「その会議の担当者に，他の予定に支障が出るので急な招集はしないでもらいたいと頼んでおこうか」
5）上司が外出先で面会の約束をしてきたことをAが知らないことがあるので
「外出先で次に会う約束をしてきそうな人と会ってきたときは，約束をしたかをそれとなく確認しようか」

31 難易度ランク ★ ✓CHECK! ☐☐☐

次は，文書の名称と直接関係ある用語の組み合わせである。中から不適当と思われるものを一つ選びなさい。

1）納品書 —— 委任
2）契約書 —— 印鑑
3）議事録 —— 会議
4）紹介状 —— 人脈
5）報告書 —— 調査

記述問題

マナー・接遇

32 難易度ランク ★ ✓CHECK! ☐☐☐

次は秘書Aが上司と一緒にエレベーター前で来客を見送っている絵だが，Aの見送り方に不適切なところがある。①それはどのようなところか。また，②Aはどのようにすればよいか。それぞれ答えなさい。

33 難易度ランク ★★ ✓CHECK! □□□

次のとき,「　　」内の下線部分はどのように言うのがよいか。
適切な言葉を答えなさい。

1）不意の客に急ぎの用かと尋ねるとき
　　「恐れ入りますが,＿＿＿＿＿＿＿でしょうか」

2）電話で,ホンダと名乗る人に漢字を尋ねるとき
　　「ホンダ様の漢字は＿＿＿＿＿＿＿するのでしょうか」

3）取引先の人から,いつも世話になっていると言われたとき
　　「＿＿＿＿＿＿＿いつも大変お世話になっております」

1）＿＿＿＿＿＿＿＿＿＿＿＿＿＿＿＿＿＿＿＿＿＿

2）＿＿＿＿＿＿＿＿＿＿＿＿＿＿＿＿＿＿＿＿＿＿

3）＿＿＿＿＿＿＿＿＿＿＿＿＿＿＿＿＿＿＿＿＿＿

技　能

34 難易度ランク ★★★　　　　　　　　　　✓CHECK! □ □ □

次はファイル用品などの説明である。該当する名称を，空欄の
□ 内にカタカナを1文字ずつ記入して完成させなさい。

1）タイトルを書いてフォルダーの見出し部分に貼る紙。

ラ		

2）数枚の書類をまとめて留めるためのもの。

		ク	リ	プ

3）机上に置き，書類を一時的に入れておくための浅い箱。

デ	ス	ク		

4）数冊の書類挟みを立てて収納する箱。

			ボ	ッ	ク	ス

35 難易度ランク ★★★　　　　　　　　　　✓CHECK! □ □ □

次ページの文書は，兼務秘書の中村が上司（宮原純一営業部長）
の指示で作成した，全営業部員宛ての社内文書である。次のそれぞれについ
て答えなさい。

1）aの部分（受信者名）はどのように書くのがよいか。次の中から
一つ選び，番号で答えなさい。
1．営業部員各位　　　2．営業部員各位殿
3．営業部の皆さまへ

2）bの部分（発信者名）はどのように書くのがよいか。次の中から
一つ選び，番号で答えなさい。
1．営業部長　　　　　2．営業部 宮原純一
3．宮原部長（営業部）

3）ｃの部分には何と書くか。適切な言葉を答えなさい。

令和５年２月10日

（　　　ａ　　　）

（　　　ｂ　　　）

新製品説明会開催の通知

　新製品説明会を（　　　ｃ　　　）開催するので，出席し
てください。

記

1　日時　２月15日（水）10：00 ～ 10：30
2　場所　第３会議室　　　　　　　　　　　以上

担当　中村
（内線321）

1）（　　　　　　　　　　　　）

2）（　　　　　　　　　　　　）

3）（　　　　　　　　　　　　）

（第129回　終わり）

秘書検定 3 級

第 **128** 回

問題

試験時間 **110** 分

必要とされる資質

1　次は新人秘書Ａが先輩から，秘書の仕事の仕方として教えられたことである。中から<u>不適当</u>と思われるものを一つ選びなさい。

1）日常的なことでも，効率をよくする方法や質を高める工夫などを常に考えながらすること。
2）上司の仕事の手助けが秘書の仕事なので，上司が今何を望んでいるかを察するようにすること。
3）上司の私用は会社の仕事ではないので，頼まれたときは私用かどうかを確認するようにすること。
4）秘書は会社の経営に関することを知る機会があるが，そのようなことは口外しないようにすること。
5）仕事は上司からの指示を待ってすることになるが，しておいた方がよい仕事は自分からするようにすること。

2　秘書Ａは上司から，「今日はＨ銀行で打ち合わせの後，業界の定例会に行く予定だったね」と聞かれた。予定では，業界の定例会の後がＨ銀行での打ち合わせとなっている。次はこの場合のＡの上司への返事である。中から**適当**と思われるものを一つ選びなさい。

1）「逆ではございませんでしょうか。予定表では逆になっていたはずですが」
2）「私の記憶では，確か業界の定例会の後が，Ｈ銀行での打ち合わせですが」
3）「業界の定例会の後がＨ銀行での打ち合わせでございますが，確認いたします」
4）「いえ違います。業界の定例会が先で，Ｈ銀行での打ち合わせが後でございます」
5）「私がそう申し上げましたでしょうか。業界の定例会が先のはずでございますが」

3 難易度ランク ★★★　　　　　　　　　✓CHECK! ☐☐☐

秘書Aは上司の指示で，風邪で休んだDの代わりに受付業務を担当することになった。次はその日Aが行ったことである。中から不適当と思われるものを一つ選びなさい。

1）今日中にしないといけない仕事があったので，来客のいないときを見計らって進めた。
2）どの部署を訪ねればよいか分からないと言う来客は，上司に取り次いで対応をお願いした。
3）顔見知りの来客を受け付けたとき，担当が変わったのかと聞かれたので，今日だけだと答えた。
4）同僚から午後の打ち合わせは出られるかと聞かれたので，席を外せないので後で決まったことを教えてほしいと頼んだ。
5）上司に明日までの資料作成は間に合いそうかと聞かれたとき，場合によっては残業の許可をもらうかもしれないと言った。

4 難易度ランク ★★★　　　　　　　　　✓CHECK! ☐☐☐

部長秘書Aは家の用事のため，終業時間後すぐに退社しようとしていた。ところが終業時間の間際に上司のところに課長が来て，応接室で打ち合わせを始めてしまった。このような場合，Aはどのようにして退社するのがよいか。次の中から不適当と思われるものを一つ選びなさい。

1）終業時間は過ぎているのだから，先に退社すると書いたメモを上司の机上に置く。
2）上司に，家の用事があるので，先に退社させてもらいたいがよいかとメモで尋ねる。
3）まだ残っている人に後のことを頼み，係長に事情を話して退社することの了承を得る。
4）打ち合わせ中の上司に，何か用はないかとメモで確認し，ないということなら退社する。
5）残業すると言っていた同僚Bに事情を話し，何か用ができたときは対応してもらいたいと頼んで退社する。

5 難易度ランク ★★ ✓CHECK!

秘書Aは，顔見知りの取引先のK氏が来訪したときに預かった傘を，帰るとき返しそびれてしまった。既に雨はやんでいたのでK氏も忘れてしまったようだ。このような場合，Aはどのように対処すればよいか。次の中から不適当と思われるものを一つ選びなさい。

1）K氏が帰社するころK氏に電話し，傘を返し忘れたことをわびて自宅へ送ろうかと言う。
2）K氏が帰社するころK氏に電話し，傘を返し忘れたがどのようにしたらよいかと尋ねる。
3）K氏が帰社するころK氏に電話し，傘を返し忘れたが次の来訪まで預かっておこうかと言う。
4）すぐK氏の秘書に電話し，傘のことは伏せて，K氏が帰社したら電話をくれるよう伝えてもらう。
5）すぐK氏の秘書に電話し，K氏の傘を預かっていることを伝え，どのようにしたらよいかを聞いてもらう。

6 難易度ランク ★★　　　　　　　✓CHECK! ☐☐☐

部長秘書Aが内線電話を取ると本部長からで，「部長はすぐ私のところに来られるだろうか」と尋ねられた。部長は自席で書類に目を通している。このような場合，Aはどのように応答するのがよいか。次の中から不適当と思われるものを一つ選びなさい。

1）「確認いたしますので，お待ちいただけますか」
2）「はい，すぐに伺えますので少々お待ちくださいませ」
3）「少々お待ちくださいませ。すぐに聞いてまいります」
4）「部長にお伝えいたしますので，少々お待ち願えますか」
5）「部長は席にいらっしゃいますので，ただ今代わります」

7 難易度ランク ★　　　　　　　✓CHECK! ☐☐☐

秘書Aは上司から，「急なことだが今から出張することになった。明日の夕方には戻る」と言われた。次はそのときAが上司に確認したことである。中から不適当と思われるものを一つ選びなさい。

1）出張先。
2）同行者はいるか。
3）何か用意する物はあるか。
4）急に出張することになった理由。
5）出張に伴うスケジュール変更について。

8 難易度ランク ★★★　　　　　　　✓CHECK! ☐☐☐

秘書Aの上司が留守中に見知らぬ客が訪れた。先日上司が外出先で，この日時に会う約束をしたのだという。次はこのときAが順に行ったことである。中から<u>不適当</u>と思われるものを一つ選びなさい。

1）客に上司が留守であることを伝え，面会の約束については何も聞いていない，すまないと謝った。
2）客に，上司といつどこでどのように約束したか教えてもらいたいと言った。
3）客に，上司が戻ったら伝えるので名前と連絡先を教えてもらえないかと言って，帰ってもらった。
4）帰社した上司に客のことを伝え，連絡はどのようにするかと尋ねた。
5）上司に，外出先でこのような約束をしたときには教えてもらいたいとお願いした。

9 難易度ランク ★　　　　　　　　✓CHECK! ☐☐☐

秘書Aの上司（部長）が外出中に，「ナカイ」と名乗る人から上司宛てに電話があり，伝言を頼まれた。上司と親しそうな話しぶりだった。電話を切った後，Aは伝言メモを書こうとして，名前の漢字を聞き忘れたことに気が付いた。このような場合，名前は一般的にどのように書くのがよいか。次の中から**適当**と思われるものを一つ選びなさい。

1）「ナカイ」という音をそのまま片仮名で書く。
2）名前は書かず，「部長と親しそうな人」と書く。
3）「漢字を聞き忘れたがナカイと聞こえた」と書く。
4）読めればいいのだから，とりあえず漢字で「中井」と書く。
5）用件から相手を推測できるであろうから，名前は書かない。

10 難易度ランク ★★ ✓CHECK! ☐☐☐

秘書Aが先輩Fの仕事を手伝っていたところ上司から，「今から
この書類をM社に届けてもらいたい」と指示された。このような場合，Aは
どのように対応するのがよいか。次の中から**適当**と思われるものを一つ選び
なさい。

1）上司から書類を預かり，Fの仕事が終わってから書類を届けに行
　　く。
2）上司から書類を預かり，Fに事情を説明してM社に書類を届けに
　　行く。
3）Fに先に書類を届けに行ってよいかと尋ね，よいと言われたら届
　　けに行く。
4）上司に，今Fの仕事を手伝っているがどちらを優先すればよいか
　　と尋ねる。
5）上司に，今Fの仕事を手伝っているのでFにも話してもらえない
　　かと言う。

一般知識

11 難易度ランク ★★★ ✓CHECK! ☐☐☐

次は用語とその意味（訳語）の組み合わせである。中から<u>不適当</u>
と思われるものを一つ選びなさい。

1）レート　　　＝　割合
2）トレンド　　＝　傾向
3）マージン　　＝　原価
4）エコノミー　＝　経済
5）タイアップ　＝　提携

12 難易度ランク ★★★ ✓CHECK! ☐☐☐

次は直接関係ある用語の組み合わせである。中から<u>不適当</u>と思われるものを一つ選びなさい。

1）不動産 ── 土地
2）契約書 ── 実印
3）株式会社 ── 配当
4）福利厚生 ── 賞与
5）人事異動 ── 転勤

13 難易度ランク ★ ✓CHECK! ☐☐☐

次の数字に関する説明の中から，<u>不適当</u>と思われるものを一つ選びなさい。

1）100人未満は，100人は含まない。
2）10.5%の小数点以下を切り捨てると10%になる。
3）10.5%の小数点以下を四捨五入すると11%になる。
4）50人以上は50人を含まず，50人以下は50人を含む。
5）足かけ3年とは，1年目と3年目が1年に満たない場合もそれぞれ1年と数えて3年ということ。

<hr>

マナー・接遇

14 難易度ランク ★★ ✓CHECK! ☐☐☐

次は秘書Aが，上司から注意を受けるときの受け止め方として心がけていることである。中から<u>不適当</u>と思われるものを一つ選びなさい。

1）注意されたことの直し方が分からない場合でも，まず謝るようにしている。
2）注意されたことはきちんと反省するが，気持ちが落ち込むことのないよう気を付けている。
3）注意の中に事実と違うことが含まれていたとしても，途中では訂

正しないようにしている。

4）注意を受けるときはメモを取り，メモしたことをその場で読み上
　げてこれでよいか確認している。

5）注意されたことが同僚にも関係するときは，後で同僚に話して注
　意の内容を共有するようにしている。

15 難易度ランク ★★★　　　　　　　　　　　✓CHECK! ☐☐☐

次は来客に飲み物などを出すときに使う道具の絵と，←（矢印）
の物の説明である。中から名称が<u>不適当</u>と思われるものを一つ選びなさい。

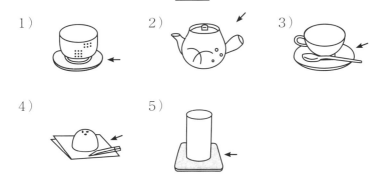

1）緑茶を出すとき，茶わんを載せる皿で「茶たく」という。

2）緑茶を出すとき，茶を入れて茶わんにつぐ道具で「急須（きゅうす）」という。

3）コーヒーなどを出すとき，カップを載せる皿で「ソーサー」とい
　う。

4）菓子を出すとき，菓子の下に敷く和紙で「ペーパーウエイト」と
　いう。

5）冷たい麦茶などを出すとき，グラスの下に敷く物で「コースター」
　という。

16 難易度ランク ★★   ✓CHECK! ☐☐☐

次は弔事に関する用語とその説明の組み合わせである。中から**不適当**と思われるものを一つ選びなさい。

1) 弔電 ＝ 死を悔やむ電報のこと。
2) 供物 ＝ 霊前に供える物品のこと。
3) 焼香 ＝ 霊前で香をたいて拝むこと。
4) 喪中 ＝ 喪に服している期間のこと。
5) 逝去 ＝ 身分の高い人が死去したこと。

17 難易度ランク ★   ✓CHECK! ☐☐☐

次は山田部長秘書Ａが，「かしこまりました」と言った例である。中から使い方が**不適当**と思われるものを一つ選びなさい。

1) 来客から，手土産を渡されて「皆さんでどうぞ」と言われたとき。
2) 係長から，「来週の山田部長の予定を教えてもらいたい」と言われたとき。
3) 取引先の人から，「山田部長が戻ったら電話をもらいたい」と言われたとき。
4) 課長から，「明日３時から課内打ち合わせを行うので会議室の予約を頼む」と言われたとき。
5) 上司から，「仕事が早く片付いたので今日はもう退社する。後はよろしく頼む」と言われたとき。

18 難易度ランク ★★   ✓CHECK! ☐☐☐

次は秘書Ａが，電話応対のとき感じがよいと思ってもらえるように心がけていることである。中から**適当**と思われるものを一つ選びなさい。

1) 用件が終わって相手が雑談めいたことを話してきても，遮らないで聞くようにしている。
2) 年配の相手には，このぐらいの声の大きさで聞き取れるかを確認してから用件に入っている。

3）顔見知りの相手には，親しみやすさを感じてもらえるように，雑談をしてから用件に入っている。

4）相手の用件が苦情であっても話し方は明るい方がよいので，快活な感じを忘れないで受け答えしている。

5）相手が時間がないと言うときは，話がテンポよく進むように，相づちは「はい，はい」と二度続けて打つようにしている。

19 難易度ランク ★★★ ✓CHECK! □□□

次は秘書Ａが，不意に上司を訪ねてきた見知らぬ客（森幸子氏）から出された名刺に関して行ったことである。中から<u>不適当</u>と思われるものを一つ選びなさい。

1）森氏が名乗りながら名刺を出したので，「森様でいらっしゃいますね。お世話になっております」とあいさつして預かった。

2）名前の読み方が「さちこ」なのか「ゆきこ」なのか分からなかったので，名前の文字を指さしながら尋ねた。

3）上司に取り次ぐとき来客の名前をフルネームで告げながら，名刺の文字を上司が読める向きにして渡した。

4）面談が終わり上司から来客の名刺を渡されたので，来客が帰った後，名前に仮名を振った。

5）名刺整理箱に保管する前に，裏面の内容に目を通した。

20 難易度ランク ★★★★ ✓CHECK! □□□

次は広報部長秘書Ａの，上司に対する言葉遣いである。中から<u>不適当</u>と思われるものを一つ選びなさい。

1）出張から戻った上司にあいさつするとき
「ご出張，お疲れさまでした」

2）昼食はここでするかと尋ねるとき
「ご昼食はこちらでなさいますか」

3）留守中に販売部長から書類を預かったと言うとき
「お留守中に販売部長からこちらの書類をお預かりいたしました」

4) あしたの予定を確認したいとき
「明日のご予定を確認させていただきたいのですが，よろしいでしょうか」

5) 予約客（鈴木氏）が来たので，応接室に案内したと言うとき
「ご予約の鈴木様がお越しになられましたので，応接室にご案内いたしました」

21 難易度ランク ★★★★　　　　　　　　　　✓CHECK! ☐☐☐

秘書Aは上司から，明日知人が仕事のことで訪ねてくることになっているので，手土産を用意してもらいたいと言われた。次はこのときAが上司に確認したことである。中から不適当と思われるものを一つ選びなさい。

1) のし紙はかけるか。
2) 希望する品はあるか。
3) 添え状はどうするか。
4) 予算は幾らぐらいか。
5) 明日の何時までに用意すればよいか。

22 難易度ランク ★★★　　　　　　　　　　✓CHECK! ☐☐☐

秘書Aは残業を終えて帰るとき，他部署のL部長とその秘書のEに出会い，これから食事に行くが一緒にどうかと誘われて行くことになった。L部長はAがEと仲がいいのを知っていて誘ってくれたのだろう。このような場合，翌日AはL部長に食事をごちそうになったことの礼を，どのようにするのがよいか。次の中から適当と思われるものを一つ選びなさい。

1) 頃合いを見計らってL部長のところに行き，直接礼を言うのがよい。
2) 食事のときにその場で礼は言ったのだから，翌日わざわざする必要はない。
3) 仕事の後の食事の誘いは個人的なことなので，メールで礼をするのがよい。

4）Aが他部署に出向くと目立つので，Eに頼んで礼を言ってもらうのがよい。

5）ごちそうになったことを上司に報告し，礼はどのようにするのがよいか尋ねるのがよい。

23 難易度ランク ★　　　✓CHECK! □□□
　　新人秘書Aが配属された部署でAの歓迎会が行われた。次はこのときのAの言動である。中から不適当と思われるものを一つ選びなさい。

1）席に着いたとき，近くの席の先輩に，「歓迎会を開いてくださりありがとうございます」と礼を言った。

2）あいさつのとき，抱負を述べて，最後に「お酒は弱いのでお手柔らかにお願いします」と言った。

3）ビールをついでもらうとき，両手でグラスを持って差し出し，「恐れ入ります」と言った。

4）会の間はいろいろな人たちと話せるように，自分からあいさつして回った。

5）食事が終わったところで，自分が帰らないと皆が帰りにくいだろうと思い，「お先に失礼します」と言って席を立った。

技　能

24 難易度ランク ★★★★　　　✓CHECK! □□□
　　次の中から，ファイリング用品（用具）ではないものを一つ選びなさい。

1）ガイド
2）パンチ
3）バインダー
4）フォルダー
5）レターヘッド

25 難易度ランク ★★　　　　　　　　　　✓CHECK! ☐☐☐

　秘書Aは上司から，処分してもらいたいと３０枚ほどの「秘」文書の束を渡された。次はこのときAが順に行ったことである。中から<u>不適当</u>と思われるものを一つ選びなさい。

1）留めてあったゼムクリップなどを全て外した。
2）破棄する書類であっても持ち歩くときは封筒に入れた。
3）シュレッダーを使っている人がいて長引きそうだったので，出直すことにした。
4）細断中に話しかけてきた同僚に，「秘文書を細断している」と言って後にしてもらった。
5）上司に，「文書はシュレッダーにかけて処分した」と報告した。

26 難易度ランク ★★★　　　　　　　　　✓CHECK! ☐☐☐

　次は手紙に書く「頭語」や「結語」と，その意味の組み合わせである。中から<u>不適当</u>と思われるものを一つ選びなさい。

1）拝啓　＝　謹んで申し上げます。
2）拝復　＝　謹んでご返事いたします。
3）前略　＝　あいさつは省略いたします。
4）敬具　＝　謹んで申し上げました。
5）草々　＝　近々また手紙を出します。

27 難易度ランク ★★★　　　　　　　　　✓CHECK! ☐☐☐

　秘書Aの上司は，社外の人を招いて会議を行うことになった。次はその会議の準備としてAが行ったことである。中から<u>不適当</u>と思われるものを一つ選びなさい。

1）上司から席次を指示されたので，机上に名札を置くことにした。
2）お茶は最初に出すが，それ以外にも出すかどうかを上司に確認した。

3）当日配布する資料は，上司の指示で議長席にまとめて置いておいた。

4）会議中，出席者に呼び出しの電話があったときの断り方を，上司に尋ねた。

5）当日はスムーズに案内ができるように，1階の受付に出席者の名前を知らせておいた。

28

難易度ランク ★

✓CHECK! ☐ ☐ ☐

次は書類の名称である。中から「注文を受けた品を納めるときに，品名や数量などを確認してもらうための書類」を一つ選びなさい。

1）納品書
2）見積書
3）請求書
4）注文書
5）領収書

29

難易度ランク ★★

✓CHECK! ☐ ☐ ☐

次の「　　」内は，秘書Aが最近の行動の中で使用した用具の名称である。中から不適当と思われるものを一つ選びなさい。

1）換気のために上司室のドアを少し開けたとき，「ドアストッパー」で留めた。

2）応接室で来客にお茶を出すとき，お茶を載せたお盆を「スツール」に置いた。

3）明日も使うファイルだったが，退社するときいったん「キャビネット」に戻した。

4）書棚に立てて並べておいた月刊誌が倒れていたので，「ブックエンド」で倒れないようにした。

5）応接室を上司が面談で使用した後，テーブルに設置されている飛沫防止用の「アクリル板」を拭いた。

30 難易度ランク ★★   ✓CHECK! ☐☐☐

秘書Aは上司から下のメモを渡されて，「ここにパンフレットを郵送してもらいたい」と指示された。この場合の宛て名はどのように書くのがよいか。次の中から**適当**と思われるものを一つ選びなさい。

> ＡＢＣ工業株式会社　工場長
> 川口健太郎

1）
川口健太郎　工場長　宛
ＡＢＣ工業株式会社

2）
工場長　川口健太郎　氏
ＡＢＣ工業株式会社

3）
工場長　川口健太郎　様
ＡＢＣ工業株式会社

4）
工場長　川口健太郎　様　御中
ＡＢＣ工業株式会社

5）
川口健太郎　様　（工場長）
ＡＢＣ工業株式会社

31 難易度ランク ★★★   ✓CHECK! ☐☐☐

次は秘書Aが上司のスケジュールを組むときに，面会の予約をできるだけ入れないようにしている場合である。中から<u>不適当</u>と思われるものを一つ選びなさい。

1）業務時間外。
2）出張から戻る日。
3）外出の直前，直後。
4）昼食時間の直前，直後。
5）Aの仕事が立て込んでいるとき。

記述問題

マナー・接遇

32　難易度ランク ★　　　　　　　　　　✓CHECK! □□□

次は秘書Ａが先輩Ｓからデータ入力の説明をメモを取りながら聞いている絵だが，Ａの態度が不適切である。①それはどのようなところか。また，②Ａはどのようにすればよいか。それぞれ答えなさい。

33 難易度ランク ★★ ✓CHECK! □□□

次は秘書Ａが来客に言った言葉を区切って，順に番号を付けたものである。中から言葉遣いの不適切な部分や丁寧さに欠ける部分を四つ（①を除く）選び，例に倣って番号と適切な言葉を書きなさい。

| 例 | ① | 部長の山田が |

「 山田部長が　　すみませんが　　約30分くらい　　お待ち願いたいと
　　①　　　　　　②　　　　　　　③　　　　　　　　④

　　おっしゃって　　おります。　　どうしますか 」
　　⑤　　　　　　　⑥　　　　　　⑦

例

　　　① 　　　　部長の山田が

技　能

34 難易度ランク ★

次は秘書Ａが行ったことである。（　　）内に該当する郵送方法を下の枠内から選び，その番号を答えなさい（番号は重複しないようにすること）。

1）重要な契約書だったので（　　）で送った。

2）海外に住んでいる上司の知人への手紙を（　　）で送った。

3）地元で有名な菓子折りを季節のあいさつとして（　　）で送った。

4）遠方のため葬儀に参列できないので，香典と悔やみ状を（　　）で送った。

1	ゆうメール	2	料金受取人払	3	簡易書留
4	現金書留	5	エアメール	6	ゆうパック

1）（　　　　　）

2）（　　　　　）

3）（　　　　　）

4）（　　　　　）

35 難易度ランク ★   ✓CHECK! ☐ ☐ ☐

営業部の秘書Ａ（松下）の上司（山田部長）が外出中に，経理部長から電話があった。「明日の打ち合わせの件」とのことで，後でもう一度電話するということである。現在，11月９日午前10時。この場合の伝言を，伝言メモの用紙に書きなさい。

伝 言 メ モ

_____ 様

日時　　月　　日　午前・午後　　時　　分

_____ 様

☐ 電話がありました。
☐ 来訪されました。
- -
☐ もう一度電話します。
☐ 電話を頂きたい。

【用 件】

担当者名

（第128回　終わり）

秘書検定3級

第127回 問題

試験時間 110分

必要とされる資質

1 難易度ランク ★★★　　　　　　　　　　　✓CHECK! ☐☐☐

秘書Aは上司から,「パソコンで清書しておいてもらいたい。急がない」と原稿を渡された。量が少なかったので急ぎの仕事を先にしていたところ,「まだか」と催促された。このような場合, Aは上司に謝った後, どのように言うのがよいか。次の中から**適当**と思われるものを一つ選びなさい。

1) 清書が急ぐことになったのならすぐに取りかかる。
2) すぐに取りかかるので, もう少し待ってもらえないか。
3) すぐにするが, これからは指示のとき期限を言ってもらいたい。
4) 急ぎの仕事を先にしていたのでまだ手を付けていないが, すぐにする。
5) 急がないということだったので, 急ぎの仕事を優先させていたが変わったのか。

2 難易度ランク ★★★　　　　　　　　　　　✓CHECK! ☐☐☐

秘書Aは上司から,「Y社のL氏に相談したいことがあるので面会の予約をしてもらいたい」と言われた。そこでL氏の秘書に電話をしたところ, 現在出張中で三日後に戻るという。このような場合, Aはどのように対処すればよいか。次の中から**適当**と思われるものを一つ選びなさい。

1) L氏の秘書に, 上司が相談したいことがあるので出張中の連絡先を教えてもらえないかと頼む。
2) 電話を切った後上司に, L氏は出張していて三日後に戻るそうなので, そのころ電話してみたらどうかと言う。
3) L氏の秘書に, 上司が相談したいことがあるのでL氏から上司に電話をくれるよう話してもらえないかと頼む。
4) 電話を切った後上司に, L氏は出張中で三日後に戻るそうなので, そのころ改めて電話すると伝えたがよいかと言う。
5) 電話を保留にして上司に, L氏から電話をもらえるようL氏の秘書に頼むので, 相談の内容を教えてもらえないかと言う。

3 難易度ランク ★★　　　　　　✓CHECK! ☐☐☐

新人秘書Aは社内研修で講師から,「職場では何事も時間を守ることが大切」と教えられた。次はAが,なぜ大切か考えたことである。中から不適当と思われるものを一つ選びなさい。

1）時間を守らないと,上司に迷惑がかかるから。
2）時間を守れば,お互いが気持ちよく過ごせるから。
3）時間を守らないと,それをまねる人が出てくるから。
4）時間を守らないと,周囲から信用されなくなるから。
5）時間を守って仕事をすることで,効率も上がるから。

4 難易度ランク ★　　　　　　✓CHECK! ☐☐☐

秘書Aは先輩から,上司に信頼してもらうために欠かせないこととして,次のことを教えられた。中から不適当と思われるものを一つ選びなさい。

1）上司の仕事と職責を理解する。
2）上司の性格や好みを把握する。
3）上司の考え方や仕事の仕方に従う。
4）上司の執務に快適な環境をつくる。
5）上司への気配りは必要を確認してからにする。

5　難易度ランク ★　✓CHECK! □□□

新人秘書Ａは，何事も丁寧にするので時間がかかる。次はＡが，「状況に合わせた行動をするように」と先輩から指導されたことである。中から不適当と思われるものを一つ選びなさい。

1）急用を頼まれて他部署に行ったとき，用件は早口で伝えること。
2）上司に呼ばれたらすぐに返事をして，急ぎ足で上司のところへ行くこと。
3）来客応対に丁寧さは必要だが，気軽でよい相手には丁寧にし過ぎないこと。
4）電話の対応は丁寧にしないといけないが，取り次ぐときは迅速に行うこと。
5）相手を待たせているときは，丁寧さも大事だがなるべく早くするよう努力すること。

職務知識

6　難易度ランク ★★★　✓CHECK! □□□

山田部長秘書Ａが内線電話に出ると本部長からで，「山田部長はいるか。Ｈ社との取引の件で至急確認したいことがある」と言う。上司は外出していて１時間ほどで戻る予定である。このような場合，Ａは本部長に上司の帰社予定時間を伝えてから，どのように対応すればよいか。次の中から不適当と思われるものを一つ選びなさい。

1）「外出中の上司に連絡した方がよいか」と尋ねる。
2）「課長でよければ電話を代わるがどうか」と尋ねる。
3）「急ぎということなら今すぐＨ社に問い合わせてみるが，それでよいか」と尋ねる。
4）「Ｈ社を担当している者なら事情が分かると思うが，担当者では駄目か」と尋ねる。
5）「差し当たって必要な資料があれば探してみるので，教えてもらえないか」と尋ねる。

7 難易度ランク ★★★　　　　　　　　　✓CHECK! ☐☐☐

秘書Aはある日，今まで自分が指示されていた仕事を，上司がC
に指示しているのを見かけた。Cがその仕事をするのは初めてのはずである。
このような場合，Aはどのようにするのがよいか。次の中から**適当**と思われ
るものを一つ選びなさい。

1）上司は何か考えがあってCに指示したのだろうから，しばらく様
子を見る。
2）Cがその仕事を終えるのを待って，Cに上司から指示された経緯
を尋ねる。
3）上司に，「今まで自分がしていた仕事なので，Cと一緒にしようか」
と申し出る。
4）上司に，「今まで自分がしていた仕事をCに指示したのはなぜか」
と理由を尋ねる。
5）Cが何か聞いてくるかもしれないので，「自分の今までの仕方を
教えようか」と声をかける。

8 難易度ランク ★★★　　　　　　　　　✓CHECK! ☐☐☐

次は秘書Aが，上司宛ての手紙を渡すときに行ったことである。
中から<u>不適当</u>と思われるものを一つ選びなさい。

1）送られてくるのを上司から聞いていた書類だったので，そのこと
を言いながら渡した。
2）文書で問い合わせたことに対する回答状だったので，こちらから
出した文書の控えを付けた。
3）同封されていた資料の文字が小さかったので，上司に断って拡大
コピーしたものと差し替えた。
4）会合の案内だったが開催日付と曜日が食い違っていたので，その
ことを上司に伝えて先方に聞いてみたらどうかと言った。
5）出欠の返信はがきが同封されていたが先約があったので，そのこ
とを書いたメモと一緒に渡し，どのように調整すればよいかと尋
ねた。

9 難易度ランク ★★ ✓CHECK! ☐☐☐

次は秘書Ａが最近行ったことである。中から<u>不適当</u>と思われるものを一つ選びなさい。

1) 会議資料を15部セットした後，ページが抜けていないか１枚ずつチェックした。
2) 上司が行き先を言わずに黙って外出しようとしたので，帰社予定時間だけを尋ねた。
3) 上司から友人の葬儀に行くことになったと言われたとき，何か準備することはあるかと尋ねた。
4) 打ち合わせ中の上司に家族から電話があったとき，急ぐと言うので上司に伝えて自宅へ電話してもらった。
5) 先輩から急ぎで手伝ってもらいたいと言われたとき，今上司から指示された仕事をしているので，できないと断った。

10 難易度ランク ★★ ✓CHECK! ☐☐☐

秘書Ａの上司（山田部長）が出張中に見知らぬ客が訪れ，「これを山田部長に渡してもらいたい」と封がしてある封筒を差し出した。次はこのときＡが客に対して順に言ったことである。中から<u>不適当</u>と思われるものを一つ選びなさい。

1)「名前を聞かせてもらえないか」
2)「山田はこのことを承知しているか」
3)「封筒の中身は何か」
4)「名刺を持っていたらもらいたいのだが」
5)「何か山田に伝えることはあるか」

一般知識

11 難易度ランク ★★★　　　✓CHECK! ☐☐☐

次は「　　」内の用語の説明である。中から<u>不適当</u>と思われるものを一つ選びなさい。

1）「終日」とは，一日中のことである。
2）「一昨年」とは，2年前のことである。
3）「半期」とは，1期の半分のことである。
4）「隔月」とは，31日まである月のことである。
5）「下旬」とは，月の21日から末日までのことである。

12 難易度ランク ★　　　✓CHECK! ☐☐☐

次は用語とその意味（訳語）の組み合わせである。中から<u>不適当</u>と思われるものを一つ選びなさい。

1）スポット　＝　場所
2）パテント　＝　効果
3）コメント　＝　論評
4）イベント　＝　行事
5）リミット　＝　限界

13 難易度ランク ★★　　　✓CHECK! ☐☐☐

次のような団体を何というか。中から**適当**と思われるものを一つ選びなさい。

「出資者から出資してもらって運営し，出資者は出資した金額分だけ責任を負えばよい団体」

1）子会社
2）同族会社
3）株式会社
4）学校法人
5）社会福祉法人

マナー・接遇

14 難易度ランク ★★★　　　　　　　　　　　　✓CHECK! □□□

次は秘書Aが，朝のあいさつをしたときに言ったことである。中から不適当と思われるものを一つ選びなさい。

1）昨日Aと一緒に残業した後輩に，「おはようございます。昨日はお疲れさまでした」
2）通勤電車の事故で遅れて出社してきた同僚に，「おはようございます。大変でしたね」
3）昨日風邪で休んだ課長に，「おはようございます。お加減はもうよろしいのでしょうか」
4）雨降りの翌日出張に出かける先輩に，「おはようございます。お天気が回復してよかったですね」
5）先におはようとあいさつしてきた部長に，「おはようございます。先にごあいさついただき恐れ入ります」

15 難易度ランク ★★　　　　　　　　　　　　　✓CHECK! □□□

秘書Aは上司にすぐに報告しておきたいことがあるが，内容が複雑で時間がかかりそうである。上司は今とても忙しそうにしている。このような場合，どのように報告をするのがよいか。次の中から不適当と思われるものを一つ選びなさい。

1）何についての報告かを言って，「急ぎで報告したいが都合はどうか」と尋ねる。
2）報告に必要なおおよその時間を言って，了承が得られたら要領よくまとめて報告する。
3）今時間はよいかと尋ねてから要点だけを手短に報告し，「後は文書で報告しようか」と言う。
4）今時間はよいかと尋ねてから「忙しそうなので，経過は省略する」と言って，結果だけを報告する。
5）今時間はよいかと尋ねてから取りあえず要点を報告し，「詳しい内容は後にした方がよいか」と尋ねる。

16 難易度ランク ★★　✓CHECK! ☐☐☐

新人秘書Aは先輩から，その人と自分との間に「差」がある人と話すときは敬語を使うことと教えられた。次はこの場合の「差」とはどのようなことか，Aが考えたことである。中から不適当と思われるものを一つ選びなさい。

1）職位の差
2）能力の差
3）年齢の差
4）立場の差
5）親疎の差
　＊「親疎（しんそ）」とは，親しい人とそうでない人のこと。

17 難易度ランク ★★★　✓CHECK! ☐☐☐

次は秘書Aが，来客や会議でお茶を出すときに行っていることである。中から不適当と思われるものを一つ選びなさい。

1）人数の多い会議のときは，前もって茶わんの数や茶葉が足りるかを確かめている。
2）複数入れるときは同じ濃さにするため，それぞれの茶わんに少しずつ何回かに分けて注いでいる。
3）二人分であればお茶が入った茶わんを茶たくに載せて，それをお盆で運んでいる。
4）部内の人でも客と面談中のときは，客用の茶わんで出している。
5）お茶を入れ替えるときは茶たくごと下げて，新しいものを出している。

18 難易度ランク ★　✓CHECK! ☐☐☐

次は新人秘書Aが先輩から，電話をかける前に確認することとして教えられたことである。中から不適当と思われるものを一つ選びなさい。

1）必要な資料を手元に用意したか。
2）メモと筆記具は手近なところにあるか。

3）かけようとしている電話番号に間違いはないか。

4）どこと電話中かを周囲に分かるようにしてあるか。

5）電話機のそばに湯飲み茶わんなどを置いていないか。

---

19 難易度ランク ★★★　　　　　　　　　　✓CHECK! ☐☐☐

次の「　　」内は，部長秘書Ａが言ったことである。中から言葉
の使い方が<u>不適当</u>と思われるものを一つ選びなさい。

1）来客に，「もう少々お待ちいただけますか」

2）上司に，「明後日お休みを頂いても大丈夫ですか」

3）課長に，「部長のところに報告書をお持ちいただけませんか」

4）他部署の秘書に，「カタログをお借りしたいのですがよろしいで
すか」

5）部員の佐々木のところによく来る業者の人に，「佐々木をお訪ね
でしょうか」

---

20 難易度ランク ★　　　　　　　　　　✓CHECK! ☐☐☐

「人が亡くなった知らせ」のことを何というか。次の中から**適当**
と思われるものを一つ選びなさい。

1）訃報

2）故人

3）弔辞

4）弔電

5）法事

---

21 難易度ランク ★★★　　　　　　　　　　✓CHECK! ☐☐☐

秘書Ａは上司から，「そろそろ中元の時期だが，取引先のＷ氏に
も何か贈っておいてもらいたい」と言われた。次はこのときＡが上司に確認
のために言ったことである。中から**適当**と思われるものを一つ選びなさい。

1）送り先は会社でよいか。

2）上書きは「御礼」でよいか。

３）いつごろ手配をすればよいか。

４）Ｗ氏に希望の品を聞いた方がよいか。

５）受け取りの日時をＷ氏に確認した方がよいか。

---

22 難易度ランク ★★　　　　　　　✓CHECK! ☐☐☐

新人秘書Ａは先輩から，不意の来客には，上司が会うかどうか分からないから，在席していてもいると言ってはいけないと教えられた。そこでＡは，どのように言えばよいかを次のように考えた。中から**適当**と思われるものを一つ選びなさい。

１）「不意に来られても困るので，代理の者ではどうか」

２）「予約がないと取り次げないので，出直してもらえないか」

３）「会うかどうか上司に聞いてくるので，少し待ってもらえないか」

４）「上司が席にいるか確かめてくるので，用件を教えてもらえないか」

５）「今日は上司の予定に空きがないので，分かる者を呼んでくるがどうか」

---

23 難易度ランク ★　　　　　　　✓CHECK! ☐☐☐

新人秘書Ａは受付を担当することになった。次はＡが，受付担当の心がけとして考えたことである。中から<u>不適当</u>と思われるものを一つ選びなさい。

１）担当者が来るのを待ってもらう客には，椅子に座って待ってもらうようにしよう。

２）受付が立て込んでいるときの客には，立て込んでいて申し訳ないと言うようにしよう。

３）担当者が来るのを長く待ってもらっている客には，待たせて申し訳ないと言うようにしよう。

４）取り次ぐ部署がはっきりしない客には，あらかじめ分かるようにしてきてもらいたいと言うようにしよう。

５）来客が重なったときには，後から来た人を先に受け付けることのないように公平さに気を付けるようにしよう。

技 能

24 難易度ランク ★★ ✓CHECK! ☐☐☐

営業部の兼務秘書Aは，白紙のファクスが届いているのに気付いた。用紙の上端に「2022/6/15　WED 11：58　FAX03 3204 6758　ＡＢＣ商事」と印字があるだけである。どうやら取引先のＡＢＣ商事が原稿の表裏を間違えて送信したらしい。次はこのときAが順に行ったことである。中から<u>不適当</u>と思われるものを一つ選びなさい。

1) 部内でＡＢＣ商事からファクスが届くことになっている人はいないか確認した。
2) 該当する人がいなかったので，ＡＢＣ商事に電話して事情を話し，再送を頼んだ。
3) 再送されてきた文書は，外出中の田中課長宛てだったので，課長の机上に置いた。
4) 課長はあと30分ほどで戻る予定だったので，ファクスの送り主に電話でそのことを伝えてどうするか尋ねた。
5) 外出から戻った課長に，届いたファクスを机上に置いたと言った。

25 難易度ランク ★★★★ ✓CHECK! ☐☐☐

次は，コンピューターに関する用語とそれに直接関係ある用語の組み合わせである。中から<u>不適当</u>と思われるものを一つ選びなさい。

1) ミュート　　　——　　音声
2) パスワード　　——　　解除
3) スリープ　　　——　　省電力
4) 文字化け　　　——　　変換ミス
5) ソート　　　　——　　昇順・降順

26 難易度ランク ★★★ ✓CHECK! ☐☐☐

秘書Aは上司（総務部長）から，社内の防災対策委員会の開催通知状を作成するように指示された。上司は防災対策委員長でもある。この場合，発信者名はどのように書けばよいか。次の中から**適当**と思われるものを一つ選びなさい。

1）総務部
2）総務部長
3）防災対策委員長
4）防災対策委員会
5）防災対策委員長兼総務部長

27 難易度ランク ★★　　　　✓CHECK! ☐☐☐
　次は秘書Aがメモに関して行っていることである。中から<u>不適当</u>と思われるものを一つ選びなさい。

1）面談中の上司に急用のメモを持って行くときは，来客に見えないようにメモを封筒に入れて渡している。
2）自分の覚えとしてメモをする専用のノートは，定期的にチェックしたり読み返したりして管理している。
3）上司の指示を速く正確にメモするために，上司が使うことの多い用語は記号を決めておくようにしている。
4）電話の伝言メモを同僚の机上に置いたときは，同僚が戻ってきたらメモを置いたことを伝えるようにしている。
5）上司への伝言を頼まれて書いたメモは，上司に伝えた後もすぐには捨てずにしばらく残しておくようにしている。

28 難易度ランク ★★★　　　　✓CHECK! ☐☐☐
　秘書Aは上司から，外部から五，六人を招いて研究会を行うので準備をしてもらいたいと指示された。昼食を挟むという。次はそのときAが上司に確認したことである。中から<u>不適当</u>と思われるものを一つ選びなさい。

1）開催日時はいつか。
2）上司の他に社内の出席者はいるか。
3）昼食は幕の内弁当を手配してよいか。
4）作成する資料などがあれば指示してもらいたい。
5）席次は到着した順に奥から座ってもらってよいか。

29 難易度ランク ★★★★　　　　　　　　　　　✓CHECK! ☐☐☐

次は秘書Aが，郵便に関して行っていることである。中から**不適当**と思われるものを一つ選びなさい。

1）書留類の配達状況などは，郵便局のウェブサイトで確認している。
2）宛名は，「株式会社」を「（株）」などのように省略しないで書いている。
3）宛先の郵便番号が分からないときは，インターネットで調べて記入している。
4）「定形外」の封筒はポストに入れてはいけないので，郵便局の窓口で出している。
5）封筒などに貼る切手は枚数に制限はないが，なるべく少ない枚数で済ませるようにしている。

30 難易度ランク ★　　　　　　　　　　　　　　✓CHECK! ☐☐☐

次は，下の手紙文の下線部分を適切な語に直したものである。中から**不適当**と思われるものを一つ選びなさい。

<u>いつもは</u>　<u>特別の</u>　<u>配慮を</u>　<u>もらい</u>，　厚く　<u>お礼</u>　申し上げます。
　　1)　　　　　2)　　　　3)　　　　4)　　　　　　　5)

1）日常
2）格別
3）ご高配
4）賜り
5）御礼

31 難易度ランク ★★★　　　　　　　　　　　　✓CHECK! ☐☐☐

次は秘書Aが，電子メールの送信や受信のときに行っていることである。中から**不適当**と思われるものを一つ選びなさい。

1）資料を添付する場合は，本文にそのことを書いている。
2）目上の人に送る場合でも時候のあいさつは省略している。
3）正式な手紙ではないので，1行の文字数や体裁などは気にせず入

力している。

4）急ぎの用件を送信する場合は，すぐに見てもらえるように電話で送信を知らせている。

5）受信したらできるだけ早く返信するようにしているが，できないときは受信したことだけ知らせている。

記述問題

マナー・接遇

32　難易度ランク ★★★★　　　　　　✓CHECK! □ □ □

次は秘書Ａが来客を応接室に案内するために方向を示している絵だが，Ａの動作が不適切である。①それはどのようなところか。また，②Ａはどのようにすればよいか。それぞれ答えなさい。

33 難易度ランク ★★ ✓CHECK! ☐ ☐ ☐

次の「　　」内は，部長秘書Aの上司への言葉遣いである。下線部分を丁寧な言い方に直して答えなさい（意味を変えないこと）。

1）内線電話で上司からちょっと来てくれと言われて，「すぐに <u>行きます</u>」

2）不意の来客を上司に取り次ぐとき，「木村様と <u>言う人</u> がご来社になりましたが」

3）上司が資料を持ってコピー機のところに行こうとしていたので，「私がコピーを <u>取ろうか</u>」

1）　_____

2）　_____

3）　_____

技　能

34 難易度ランク ★★　　　　　　　　✓CHECK! □□□

　　　次は，秘書Aの上司宛てに届いた郵便物（封書）である。これら
をAが，①開封してよいものと，②開封してはいけないものとに分類すると
どうなるか。それぞれ番号で（　　）内に答えなさい（番号の若いものから
順に書くこと）。

1．定期的に送られてくるダイレクトメール。
2．上司が役員をしている業界団体からの速達郵便。
3．取引先からの，「写真在中」と書いてある普通郵便。
4．上司が届くのを待っていた，取引先からの簡易書留郵便。
5．封筒の会社名を線で消し，その下に個人名が書いてある普通郵便。
6．宛名が役職名（上司の名前が書かれていない）の，Aの知らない
　　会社からの普通郵便。

①　開封してよいもの　　　（　　　　　　　　　　　　　）

②　開封していけないもの　（　　　　　　　　　　　　　）

35 難易度ランク ★★★ ✓CHECK! ☐☐☐

次の表は，令和4年5月の製品別生産高を示したものである。これを見やすいグラフにしなさい（定規を使わないで書いてよい）。

製品名	A	B	C	D
生産高	2,500	1,000	1,500	3,000

（単位：個）

（第127回　終わり）

秘書検定 3 級

第 **126** 回

問題

試験時間 110 分

必要とされる資質

1 難易度ランク ★★ ✓CHECK! ☐☐☐

新人秘書Aは先輩から，仕事をするときは積極性が必要と言われた。そこでAは，仕事をするときの積極性とはどのようなことかを次のように考えた。中から**適当**と思われるものを一つ選びなさい。

1）仕事の仕方で分からないことがあっても，自分でよく考えて進めてみることかもしれない。
2）終業時間後も周りの人が仕事をしているときは，自分も仕事を探して残業することかもしれない。
3）上司からコピーするよう指示された資料は，自分用にも1部取って内容に目を通しておくことかもしれない。
4）指示された仕事が終わって上司に報告するとき，他にすることがあったら指示してもらいたいと言うことかもしれない。
5）上司に電話を取り次ぐときは，自分が秘書だと分かってもらえるようにきちんと名乗ってから取り次ぐことかもしれない。

2 難易度ランク ★ ✓CHECK! ☐☐☐

営業部長秘書Aは上司の外出中に総務部長から，金曜日の午後に打ち合わせの時間が取れるかと上司の都合を聞かれた。Aは上司が友人との電話で，金曜日の3時に何か約束をしているのを耳にしている。このような場合Aは，総務部長に上司は外出中と言った後，どのように対応するのがよいか。次の中から<u>不適当</u>と思われるものを一つ選びなさい。

1）総務部長の用件と打ち合わせに要する時間を尋ね，上司に伝えておくと言う。
2）上司が戻ったら，金曜日の午後に時間が取れるかどうか確認して連絡すると言う。
3）上司はその日の午後は予定があるようだと話し，総務部長の希望の時間を聞いておく。
4）上司が外出から戻る予定の時間を伝え，そのころ連絡するので待ってもらえないかと言う。
5）上司は金曜日の3時に友人と約束があるようだと話し，その日の空いている時間を伝えておく。

3 難易度ランク ★★★ ✓CHECK! ☐ ☐ ☐

秘書Aは来訪したM氏から，いつも世話になっている礼ということで，「皆さんでどうぞ」と手土産に菓子折りを渡された。次は，この手土産に関してAが順に行ったことである。中から<u>不適当</u>と思われるものを一つ選びなさい。

1）M氏の来訪を上司に知らせたとき，手土産を見せながらM氏からもらったと報告した。

2）M氏が上司との面談を終えて帰るとき，改めて手土産の礼を言った。

3）自席に戻った上司に，先ほどの手土産を皆でいただくと話した。

4）そのとき，皆で分けても幾つか余るが，どうしたらよいかと尋ねた。

5）席を外している課員には，M氏からと書いたメモを付けて机の上に置いた。

4 難易度ランク ★ ✓CHECK! ☐☐☐

次は秘書Ａが，上司の信頼を得るために普段心がけていることである。中から<u>不適当</u>と思われるものを一つ選びなさい。

1）上司に話をするときは，いつも改まった態度と言葉遣いでするようにしている。
2）上司が本来の仕事に専念できるように，上司の私用も快く引き受けるようにしている。
3）上司のことを人に聞かれたら，人柄や仕事の仕方のよい面だけを話すようにしている。
4）よりよく上司の手助けをするために，上司の欲していることを表情からも酌み取るようにしている。
5）上司から感想などを聞かれたときは，下手なことは言わず無難に「分からない」と言うようにしている。

5 難易度ランク ★★ ✓CHECK! ☐☐☐

秘書Ａが，上司と取引先Ｕ氏との面談の後，応接室の片付けをしていたところ万年筆が落ちていることに気付いた。上司に確認すると，Ｕ氏の物だという。このような場合の対処について，次の中から**適当**と思われるものを一つ選びなさい。

1）Ｕ氏と外で会うこともあるだろうから，上司に預けておく。
2）Ａが預かっておき，念のためＵ氏にメールでそのことを連絡する。
3）Ｕ氏の秘書に電話で万年筆のことを連絡し，よければ送ると言う。
4）Ｕ氏が取りに来ることもあるだろうから，何もせずＡが預かっておく。
5）落とし物はビルの管理室に届けることになっているので，その通りにする。

職務知識

6 難易度ランク ★★★　　　　　　　　　　　✓CHECK! □□□

次は秘書Aが，上司のスケジュール管理で配慮していることである。中から<u>不適当</u>と思われるものを一つ選びなさい。

1）翌日の予定は，なるべく前日に確認しておくようにしている。
2）上司が何も言わずに外出するときは，何時ごろ戻るかを確認している。
3）外出先から帰社が遅れると連絡があったときは，次の予定を知らせている。
4）予定が立て込んでいる日は，口頭で伝えるだけでなくその日の予定表を渡している。
5）会議や面談の終了時間が予定より遅れているときは，メモでそのことを知らせている。

7 難易度ランク ★★　　　　　　　　　　　　✓CHECK! □□□

次は秘書Aが，休暇を取るときに行っていることである。中から<u>不適当</u>と思われるものを一つ選びなさい。

1）上司に休暇を申し出るときは，当日とその前後の上司の予定表を見せている。
2）休暇を取るときは，仕事に差し支えないよう準備をしてから休むようにしている。
3）1日だけの休暇のときは，予定表を見てなるべく上司の仕事に差し支えない日を選んでいる。
4）休暇が決まったときは，事前に同僚に知らせ必要なことについて自分の代わりを頼んでいる。
5）数日続けて休暇を取るときは，上司のスケジュールを差し支えない範囲で変えてもらっている。

8 難易度ランク ★★　　　　　　　　　✓CHECK! ☐☐☐

　　部長秘書Ａの上司が外出中に他部署の秘書Ｋが来て，「明日の部長会議の資料を作っているが間に合わないので手伝ってもらえないか」と言う。上司は１時間ほどで戻る予定で，その後は来客の予約が入っている。このような場合，Ａはどのように対応すればよいか。次の中から**適当**と思われるものを一つ選びなさい。

1）今は上司が不在なので戻ったら許可をもらって手伝う，と言って１時間待ってもらう。
2）今は上司が不在で許可を得られないので他の秘書に頼んでもらえないか，と言って断る。
3）上司は１時間ほどで戻るので戻ったら中断させてもらうかもしれない，と言って自席で手伝う。
4）自席でよいならと言って手伝うが，後でＫの上司からＡの上司に話しておいてもらいたいと頼む。
5）１時間だけなら手伝ってもよいが手伝ったことは上司には言わないでもらいたい，と言って手伝う。

9 難易度ランク ★★　　　　　　　　　✓CHECK! ☐☐☐

　　秘書Ａの上司が取引先Ｑ社への出張から戻ってきた。次は，Ａがそのとき行ったことである。中から**不適当**と思われるものを一つ選びなさい。

1）上司が戻ったことをＱ社に連絡した。
2）上司が持ち帰った資料や名刺などの整理をした。
3）上司に，出張中の来客や連絡事項などの報告をした。
4）出張で世話になった人へ礼状を出すか，上司に確認した。
5）上司が持ち帰ったレシートを預かり，仮払金の精算をした。

10 難易度ランク ★★　　　　　　　　　✓CHECK! ☐☐☐

　　秘書Ａの上司（部長）は業界団体の理事でもある。Ａは上司から，「急に業界団体の臨時理事会が行われることになった」と言われた。スケジュール表を確認すると，その日時には部長会議が入っている。このような場合，Ａはどのように対処すればよいか。次の中から**適当**と思われるものを一つ選びなさい。

1）部長会議の担当者に話して，上司は欠席することになると思うと言っておく。

2）部長会議の担当者に話して，部長会議の日時を変更してもらえないかと頼んでおく。

3）上司に，その日時には部長会議が入っているが，どのように調整すればよいか尋ねる。

4）上司と部長会議の担当者に，部長会議と業界団体の理事会が重なったので調整してもらいたいと言う。

5）業界団体の理事会は決まってしまったので，上司に部長会議の日時の変更を指示してもらいたいと言う。

一般知識

11 難易度ランク ★★★ ✓CHECK! ☐☐☐

「公共料金」には電気や通信などの料金がある。次の中から，公共料金ではないと思われるものを一つ選びなさい。

1）水道料金
2）鉄道運賃
3）振込手数料
4）タクシー代
5）都市ガス料金

12 難易度ランク ★★★ ✓CHECK! ☐☐☐

次は反対の意味を持つ用語の組み合わせである。中から不適当と思われるものを一つ選びなさい。

1）増益　——　減配
2）栄転　——　左遷
3）採用　——　解雇
4）債権　——　債務
5）需要　——　供給

13 難易度ランク ★★　　　　　　　　　　　✓CHECK! □ □ □

次の「　」内は，下のどの用語の説明か。中から**適当**と思われるものを一つ選びなさい。

「会議などで，出席はしても議決権のない人のこと」

1）エージェント
2）オブザーバー
3）ディレクター
4）アドバイザー
5）オペレーター

マナー・接遇

14 難易度ランク ★★★　　　　　　　　　　✓CHECK! □ □ □

次の「　」内は，秘書Aの日ごろのあいさつの言葉である。中から不適当と思われるものを一つ選びなさい。

1）宅配業者の人に，「いつもお世話さまです」
2）出張から戻ってきた上司に，「お疲れさまでした」
3）退社するとき残業している同僚に，「ご苦労さまです」
4）廊下で出会った顔見知りの取引先の人に，「こんにちは」
5）上司との面談を終えて帰る客に，「本日はありがとうございました」

15 難易度ランク ★　　　　　　　　　　　　✓CHECK! □ □ □

次は秘書Aの上司への報告の仕方である。中から不適当と思われるものを一つ選びなさい。

1）指示された仕事が終わったときは，終わったことと仕事の結果をすぐに報告している。
2）事実だけを報告するようにし，自分の考えは聞かれなければ言わないようにしている。
3）悪い内容を報告するときは，すぐにしないで後で他の報告と一緒にするようにしている。

4）報告することが何件かあるときは，初めに幾つあるかを言ってから報告するようにしている。

5）時間がかかりそうな報告のときは，そのことを言って了承を得てから報告するようにしている。

16 難易度ランク ★★★★　　　　　✓CHECK! ☐☐☐

秘書Ａの勤務する会社のビルには他に数社入っていて，５階以上のフロアをＡの会社が使っている。次は，Ａがエレベーターに乗り，操作パネルの前に立ったときに行ったことである。中から<u>不適当</u>と思われるものを一つ選びなさい。

1）話しながら乗ってきた二人連れの人に，「何階ですか」と尋ねた。

2）Ａの会社に出入りしている宅配業者の人に，「何階にご用でしょうか」と尋ねた。

3）外出から戻ってきた営業部長に，「８階でよろしいでしょうか」と尋ね，営業部のある８階を押した。

4）朝，エレベーターでよく一緒になる３階の会社の人に，「おはようございます」と言いながら３階を押した。

5）初めてこのビルに来た様子の人に，「お訪ねの会社名をおっしゃってください。その階を押しますので」と言った。

17 難易度ランク ★★　　　　　✓CHECK! ☐☐☐

次は秘書Ａの来客へのお茶の出し方である。中から<u>不適当</u>と思われるものを一つ選びなさい。

1）茶たくが楕円形のときは，来客に対して横長になるように置いている。

2）お茶は来客の右前に置くようにし，小声で「失礼いたします」と言っている。

3）茶わんに絵柄があったら，お茶を出すときに絵柄が来客から見えないように置いている。

4）茶わんは茶たくに載せずにお盆で運び，サイドテーブルで茶たくに載せてから出している。

5）お茶は主に煎茶を出しているが，煎茶を入れるときのお湯の温度は80度くらいにしている。

18 秘書Aが上司に，会議中にかかってきた電話の報告をしたところ，「その電話は取り次いでもらいたかった」と言われた。次はAが，会議中の電話の取り次ぎを今後どのようにすればよいか考えたことである。中から不適当と思われるものを一つ選びなさい。

1）会議の前に上司に，迷うものは取り次いでもよいかと尋ねておこうか。
2）相手に，上司は会議中と言って，取り次いだ方がよいかと尋ねてみようか。
3）相手に，上司は会議中と言って，急ぎの用件かどうかを確かめてみようか。
4）会議の前に上司に，急ぎの用件で待っている電話があるかを尋ねておこうか。
5）相手に，上司は会議中と言って用件を尋ね，それによって取り次ぐかどうか判断しようか。

19 次は秘書Aが上司に対して行ったことである。中から不適当と思われるものを一つ選びなさい。

1）上司から初めての仕事を指示されたとき，先輩に教えてもらいながらしてもよいかと尋ねた。
2）上司から買い物を頼まれたとき，取引先からの電話を待っていたので，電話の後でよいか尋ねた。
3）上司からいつでもいいと言われて仕事を指示されたが，念のためいつごろまでにすればよいかと尋ねた。
4）先輩の仕事を手伝っていたとき，他部署への使いを上司から頼まれたので，先輩に一言断って使いを先に済ませた。
5）今日中に仕上げる予定の仕事の最中，ちょっと聞きたいことがあ

ると上司から言われたとき，この仕事が終わるまで待ってもらいたいと言った。

20 難易度ランク ★★★　　　✓CHECK! □□□

次は秘書Ａが名刺に関して行ったことである。中から不適当と思われるものを一つ選びなさい。

1）来客から預かった名刺は上司に渡すので，名刺整理用にもう１枚もらえないかと言った。
2）上司の指示で不意の見知らぬ来客を断るとき，預かった名刺を申し訳ないと言って返した。
3）名刺を預かったが他部署への客だったので，その部署まで案内し，預かった名刺を担当者に渡した。
4）来客を確認するとき，名刺には肩書が書かれていたが，肩書は読まずに会社名と名前だけを読み上げた。
5）取引先の課長が来社したとき，昇進したと聞いていたのでよければ新しい名刺をもらえないかと言った。

21 難易度ランク ★★　　　✓CHECK! □□□

次は山田部長秘書Ａが，取引先からの電話に答えたときの言葉を五つに区切ったものである。中から言葉遣いが不適当と思われるものを一つ選びなさい。

1）申し訳ございませんが
2）あいにく山田は外出いたしております。
3）よろしければ課長の田中が
4）お話をお聞きになりますが
5）いかがなさいますか。

22 難易度ランク ★　　　✓CHECK! □□□

新人秘書Ａは先輩から，「動作や話し方がだらだらしていて感じがよくない。もっときちんとするように」と言われ，次のように指導された。中から不適当と思われるものを一つ選びなさい。

1）歩いていてお辞儀をするときは，いったん立ち止まってからすること。

2）話をするときは語尾を伸ばさず，しっかりとした調子を意識すること。

3）歩くときは背筋を伸ばし，腕をぶらぶらさせないように気を付けること。

4）上司に報告するときは内容を箇条書きで記しておき，それを読み上げること。

5）呼ばれたときはその人の方を向いて，明るい表情で「はい」と返事をすること。

23 難易度ランク ★★★　　✓CHECK! ☐☐☐

次は秘書Ａが行った不意の来客への対応である。中から<u>不適当</u>と思われるものを一つ選びなさい。

1）上司が在席していても在否は言わず，用件などを尋ねて上司に確認するようにしている。

2）初めての客が上司と会って帰るときは，次回からは前もって予約をお願いしたいと言っている。

3）よく来る客なら確認してくると言って待ってもらい，上司に知らせて都合を尋ねるようにしている。

4）転勤のあいさつのような時間のかからない客の場合は，上司が在席していればすぐに取り次いでいる。

5）上司が不在で出直すと言われた場合は，用件や都合などを尋ねて後でこちらから連絡すると言っている。

技　能

24 難易度ランク ★　　✓CHECK! ☐☐☐

秘書Ａは上司（部長）から，急なことだが今から部内会議を行いたいので準備をするようにと言われた。次はこのときＡが行ったことである。中から<u>不適当</u>と思われるものを一つ選びなさい。

1）上司に，声をかけるのはいつものメンバーでよいか確認した。

2）上司に，時間はどのくらいかかるかを尋ね，会議室の手配をした。

3）上司に，資料のコピーなど準備するものはあるかと確認した。

4）上司に，会議中の来客や電話の対応はどのようにするか確認した。

5）メンバーに連絡し，欠席の人は上司に直接申し出て理由を言うようにと言った。

25 難易度ランク ★★　　　　　　　　　　✓CHECK! ☐☐☐

秘書Aは先輩から，「秘」文書の取り扱いには特に注意するようにと次のように教えられた。中から不適当と思われるものを一つ選びなさい。

1）机上で扱うときは，関係者以外の目には触れないようにすること。

2）持ち歩くときは，秘文書であることが分からないようにすること。

3）コピーを指示されたときは，枚数を確認して予備は取らないこと。

4）保管は一般の文書とは別にし，施錠できるキャビネットにすること。

5）貸し出すときは，借りたことを他の人には言わないようにと言うこと。

26 難易度ランク ★　　　　　　　　　　✓CHECK! ☐☐☐

次は，コンピューターに関する用語とその意味の組み合わせである。中から不適当と思われるものを一つ選びなさい。

1）ログアウト ＝ コンピューターとネットワークとの接続を切ること。

2）コピペ ＝ 指定した範囲のデータを読み取って，図やグラフにすること。

3）メーラー ＝ 電子メールの作成や送受信，保存，管理などを行うソフトウエアのこと。

4）チャット ＝ ネットワーク上でリアルタイムに文字を使って他のユーザーと会話をすること。

5）アイコン ＝ ファイルの内容，ソフトウエアの用途や機能などを，図や絵柄で表したもののこと。

27 難易度ランク ★★★ ✓CHECK! ☐ ☐ ☐

秘書Aは，上司から渡された原稿を清書したり，それを郵送したりすることがある。次は，そのようなときの注意として先輩から教えられたことである。中から<u>不適当</u>と思われるものを一つ選びなさい。

1）封筒の宛名の漢字に間違いがないか注意すること。
2）封筒の宛名には，部署名や役職名も省略せずに書くこと。
3）パソコンで清書するとき，同音異義語などの漢字変換の間違いに注意すること。
4）清書をしていて自分の知らない言葉があったら，それでよいかを上司に確認すること。
5）原稿の字に明らかな間違いがあるときは，辞書で確認して訂正し上司に知らせること。

28 難易度ランク ★★★ ✓CHECK! ☐ ☐ ☐

秘書Aは事務用品を購入するとき，カタログを見て文具店にファクスで注文している。次はこのときAが注意していることである。中から<u>不適当</u>と思われるものを一つ選びなさい。

1）注文の数は見やすいようにしている。
2）注文番号は間違えないようにしている。
3）店の定休日には注文しないようにしている。
4）ファクスをした後，注文書は保管している。
5）納期が分かったら連絡をもらいたいと書いている。

29 難易度ランク ★ ✓CHECK! ☐ ☐ ☐

次は，物とその数え方の組み合わせである。中から<u>不適当</u>と思われるものを一つ選びなさい。

1）手紙 ―― 編
2）書類 ―― 部
3）椅子 ―― 脚
4）パソコン ―― 台
5）エレベーター ―― 基

30 難易度ランク ★★★★ ✓CHECK! ☐☐☐

次は，郵便に関して述べたものである。中から<u>不適当</u>と思われるものを一つ選びなさい。

1）書留類は速達で送ることができる。
2）ゆうメールはポストに投函してもよい。
3）速達の料金は送る地域によって異なる。
4）郵便物の大きさや重さによって料金は異なる。
5）書留類の配達状況はインターネットで確認することができる。

31 難易度ランク ★★★★ ✓CHECK! ☐☐☐

次は，事務用品の名称とその説明の組み合わせである。中から<u>不適当</u>と思われるものを一つ選びなさい。

1）ゼムクリップ ＝ 少量の紙を留めるためのもの。
2）スタンプパッド ＝ 書類に印を押すときに使うゴム製の下敷き。
3）デスクトレー ＝ 机上に置き，書類を一時入れておくための浅い箱。
4）付箋 ＝ 目印にしたり用件を書いたりして貼っておく小さな紙。
5）マウスパッド ＝ パソコンのマウスがスムーズに動くように置く下敷き。

記述問題

マナー・接遇

32 難易度ランク ★　　　　　　　　　　　✓CHECK! ☐☐☐

次は秘書Aと上司がタクシーに乗り込もうとしている絵である。上司が驚いた顔をしているが，①それはなぜか。また，②Aはどのようにすればよいか。それぞれ答えなさい。

33

難易度ランク ★

次の言葉を，来客に言う丁寧な言葉に直して（　　）内に答えなさい。

1）「誰ですか」
2）「そうですか」
3）「知りません」

1）（　　　　　　　　　　　　　　　　　　　　　　　　）

2）（　　　　　　　　　　　　　　　　　　　　　　　　）

3）（　　　　　　　　　　　　　　　　　　　　　　　　）

技　能

34

難易度ランク ★

次のそれぞれと直接関係のある部署はどこか。下の枠内から一つ選び，その番号を（　　）内に答えなさい（番号は重複しないようにすること）。

1）株主総会　　　　（　　　　　）
2）社員研修　　　　（　　　　　）
3）資金調達　　　　（　　　　　）
4）市場調査　　　　（　　　　　）

1	販売課	2	人事課	3	経理課
4	総務課	5	資材課	6	広報課

35

難易度ランク ★★

✓CHECK! □ □ □

秘書Aは上司からＡ４判横書きの文書3枚を渡され，「シンテン」で送ってもらいたいと指示された。次は，Aが文書を送るについて行ったことである。（　）内に入る適切な語，数字を答えなさい。

1）3枚の文書をホチキスで留めるとき，留める位置は（　a　）にして，針の向きは，めくったとき扱いやすいように（　b　）にした。

2）文書は，定形最大の封筒に入るように，（　　　）折りにした。

3）「シンテン」は，（①進展　②親展　③伸展）と書いた。

　　　　　　　　　　　　＊適切な漢字の番号を書きなさい。

4）縦長の封筒だったので，切手は（　　　）の位置に貼った。

1）a （　　　　　　　　　　　）

　　b （　　　　　　　　　　　）

2）　（　　　　　　　　　　　）

3）　（　　　　　　　　　　　）

4）　（　　　　　　　　　　　）

（第126回　終わり）

秘書検定 3 級の基本内容を
ポイント整理してあります。

付録

秘書検定 3 級

要点整理

速習対応

I

必要とされる資質

1 上司の指示を正しく受ける心構え

指示されたときの心構え
- 上司の指示には，きちんと従う。
- 上司の指示による仕事は，自分勝手な判断で処理しない。
- 指示されたものに期日指定があれば，その日までに行う。「すぐに」と言われたら，直ちに取りかかる。

指示を確実に実行できる能力とは
- 指示を正しく受けることができる。
- その結果をきちんと報告できる。

● 基礎知識 ●

1．秘書としての基本的な心構え

秘書が初歩的な仕事をきちんと行うための基本は，上司からの指示を正しく受けて，それを確実に実行することです。そのためには四つの能力（判断力・記憶力・行動力・表現力）が必要です。

2．指示の正しい受け方

①呼ばれたらすぐ返事をして，メモ用紙と筆記用具を持って行きます。

②指示は最後まできちんと聞きます。疑問がある場合は，聞き終わってから質問します。

③メモは 5W3H（Why，What，When，Who，Where，How，How many，How much）の要領で取ります。

④上司の説明が終わったら，メモを見ながら要点を復唱します。

⑤疑問がある場合は，指示が終わった後で，秘書の立ち場を心得た上で謙虚に話します。最終的には上司の意見に従います。

⑥指示された仕事が複数あるときは，どちらを優先すべきか上司の指示を仰ぎます。優先順位の決定です。

3．指示を確実に実行するための心構え

「指示に忠実に従う」「自分勝手な判断で処理しない」「指示された締め切りを守る」「実行した後は必ず報告する」。この四つの心構えをしっかりと頭に入れておきましょう。

チェックポイント ◎上司が留守のときは，報告事項はメモにして机に置いておく。

2 上司に仕事に専念してもらうため

- 上司の縁の下の力持ちになる。
- 人間関係の潤滑油的存在になる。
- 常に明るい態度で仕事をする。
- 上司の意向に沿った行動を取る。

● 基礎知識 ●

1．なぜ上司の秘書として働くのか

　秘書が雑務を含めてさまざまな業務を担当するのは，上司に本来の仕事に専念してもらうためです。雑務といえども確実に行うためには，以下の項目を心がけておくとよいでしょう。

1）上司のこまごまとした仕事を担当するのが秘書の役割ですから，雑務も多くなってきます。

2）しかし，そうした雑務をいちいち処理していたのでは，時間が不足します。まとめて処理するなど，合理的な仕事ぶりが求められます。

3）上司が退社するまで，あるいは指示された仕事が完了するまでは，秘書の仕事は終わりません。たとえ私用があっても仕事を優先しなければならないこともあります。

2．上司の秘書として働くための心構え

1）秘書は上司の縁の下の力持ち的存在です。裏方の役割を十分に果たすことが，充実感につながります。

2）機密を漏らさないことと，秘書としての節度を守ることは絶対的な条件です。

3）秘書は上司とその関係者との間の潤滑油的存在です。そのため協調精神や機転を利かせた対応が大切です。また社内，社外で好ましい人間関係を築くことも，潤滑油であるために必要です。

4）人間関係を円滑にするには，秘書の明るい態度が大きく影響します。そのためにもストレスをためない，健康に気を配る，寛容な心を常に持つなど，心身の健康に気を付ける必要があります。

チェックポイント ◎秘書としては，社内のうわさ話には加わらない。

3 指示されたことを実行する能力

指示されたことを実行するためには，以下の能力が求められる。

● 判断力……指示された仕事について，それぞれ具体的な処理
　　　　　　方法がすぐに理解できる能力。

● 記憶力……指示内容を正しく覚えておける能力。

● 行動力……考えた手順通りに仕事を仕上げられる能力。

● 表現力……相手に正確に意思を伝達できる能力。

● 基礎知識 ●

1．判断力

　　処理しなければならない仕事を遂行するに当たって，以下の手順で考え処理する能力です。

1）何が問題（テーマ）かを把握する（問題把握）

　　どのような仕事であっても，果たさなければならない問題（テーマ）があります。それを正確・迅速に把握することは，指示されたことを実行するための基本となります。このことは処理する優先順位を決めるための材料ともなるから重要です。

2）事実に基づいて可能な解決方法を考える（事実の分析検討）

　　実現不可能な方法は解決にはなりません。問題によってふさわしい解決方法を選び出すことが，何より求められるのです。そのためにも普段から，いろいろなケースにおける解決方法を自らの引き出し（頭）の中に集めておくことです。必ず参考資料となるでしょう。

3）最もよい解決方法は何かを考える（結論）

　　可能な解決方法は複数あることもあります。その中から一般的には費用が少なく，時間もかからず，しかも効果が上がる方法を選びます。

2．記憶力

1）上司は秘書の記憶を頼りにしている

　　「秘書は上司の記憶力である」ということわざがあります。それほど上司は秘書の記憶力を頼りにしているものです。スケジュール，資料，会合，人など，記憶する分野はさまざまです。そのため記憶力のよい秘書は上司から高い信頼を受けることになります。

2）メモやノートを活用する

　しかし，人の記憶力には限界がありますから，それだけに頼っていると思わぬ落とし穴があります。そこで大事になってくるのがメモやノートです。上司の指示はもちろん，重要な項目，忘れてはならないことを筆記しておくことで，記憶力は補強されるのです。

3．行動力

1）なぜ効率性が重視されるのか

　秘書がこなさなくてはならない仕事はたくさんあります。しかも時間は限られていますから，一つ一つにゆっくり時間をかけて処理するわけにはいきません。だからこそ，仕事は効率的に行わなければならないのです。そこで大事になるのが行動力です。

2）機敏で機転を利かせた行動力

　それでは実際にどのような行動力が求められているのでしょうか。一つ目のキーワードは「機敏さ」です。指示されたら，あるいは予定されていることがあるときは，直ちに行動する。これが機敏さです。「後でいいだろう」「明日にしよう」と考えるのは秘書にはふさわしくありません。二つ目のキーワードは「機転」です。予定した列車や飛行機の切符が買えなかったときどうするか。予定にないお客さまが来社されたらどうするか。いずれも機転を利かして，対応しなければなりません。いちいち上司に確認せず自分で判断することもある，これも秘書の行動力なのです。

4．表現力

1）正確な情報伝達を心がける

　上司やその関係者に情報を伝達するのは，秘書の重要な仕事の一つです。この情報伝達を正確に行うということが秘書に求められる表現力の第一なのです。そのためには内容を正確に理解した上で，的確な言葉を用い，簡潔に伝えなければなりません。ビジネス文書技能や話し方技能が重要とされるのもそのためです。

2）曖昧に話さない

　また秘書は，多くの人と直接あるいは電話などで話す機会があります。そのようなとき，曖昧な話し方をしていると何を伝えたいのか分からなくなります。語尾をはっきりと，内容を整理して話すように心がけてください。

4 秘書としての身だしなみと良識

秘書は接客の機会が多い。感じのよさを相手に印象づけるためには以下の点に注意する。

● 身だしなみが清潔感にあふれ，調和が取れている。

● 礼儀正しい態度と，相手を尊重した言葉遣いができる。

● 健康で明るい日々をおくる。

● 基礎知識 ●

1．身だしなみ

身だしなみのよい秘書は，それだけで相手の信頼を得ることができます。しかし身だしなみに気を配るからといって，お金をかけた華美な身だしなみは不必要です。清潔な人柄を感じさせる身だしなみに留意してください。

1）服装

人と接することの多い秘書にとって，服装は相手に好感を与える大きなポイントになります。職場ではもちろん，慶弔などで外出する機会も多いですから，服装には常に気を配っていたいものです。

服装のポイントとしては動きやすく清潔感があり，その人に似合ったものとなります。しかし，活動的であるからといって，例えばジーンズは一般の職場ではラフ過ぎて不適当です。重要なのは T（Time ＝時）P（Place ＝場所）O（Occasion ＝場合）をわきまえた服装です。この3原則を忘れずに服装を整えてください。

2）化粧（女性）

清潔感のあるナチュラルメイクがベストです。マニキュアは濃い色のものは避けましょう。

3）アクセサリー（腕時計）

きらびやかなものや大きなものは避けた方がよいでしょう。仕事の邪魔にならない程度にします。

4）髪

長い髪は，邪魔にならないように小さくまとめておきたいものです。お辞儀のたびに髪が前に垂れるのは見苦しいものです。

5）靴

　動きやすくて仕事がしやすいという点から，女性の場合，ヒールの高さは中ヒールまでが適当です。色やデザインもなるべく機能的な面から選択します。

2．礼儀正しい態度と言葉遣い

1）礼儀正しい態度の必要性

　"秘書は企業の顔"と言われるように，秘書の与える第一印象は会社の評価につながります。そこで求められる態度の第一は「礼儀正しさ」です。相手の立場を尊重した，礼儀を失しない態度・振る舞いは，秘書のみならず社会人であるならば，絶対的に求められる資質といえます。

2）言葉遣いをマスターする

　礼儀正しい態度を実際的に裏打ちするのが言葉遣いです。どんなに深々とお辞儀をしても，友達言葉で話をしたら，そのお辞儀は何の意味もなくなってしまうでしょう。敬語の使い方があやふやだったり，間違ったりするのも同じことです。もちろんいばったり見下すような言葉遣いは論外です。そのためにも，普段から言葉遣いには注意するようにしてください。

3．健康

1）秘書はコミュニケーションの要である

　秘書の基本要件の一つに健康であることが挙げられます。なぜならば，秘書は上司のための社内外のコミュニケーションの要の機能を果たしているからです。その秘書が健康でなく，休みや遅刻が多いということになると，コミュニケーションの要としての役割を果たすことができず，上司や周囲の人に迷惑をかけることになります。さらに，秘書の仕事は見かけ以上に体力を使うことが多く，その点からも健康には十分留意する必要があります。

2）健康管理での注意ポイント

　健康管理は日常からきちんと行うことが大切です。そのためにも，以下の点に気を付けてください。

① 規則正しくバランスのとれた食事を取る。
② 睡眠は十分にとる。
③ 適度な運動と休息を心がける。
④ ストレスをためないようにする。
⑤ パソコンなどの操作に当たっては，姿勢や視力の疲労に気を付ける。

チェックポイント ◎服装などで流行を追う必要はないが，話題としては知っておきたい。

135

5 # 秘書に求められるパーソナリティ

- 人間関係を円滑にするため，謙虚・明朗・情緒の安定が求められる。
- 仕事をする上では，素直な態度，協調性が求められる。
- 仕事に関する秘密は必ず守る。

● 基礎知識 ●

1．人間関係を円滑にするためのパーソナリティ

　秘書はとりわけ，多くの人たちと関わりながら仕事をします。従って円滑な人間関係を築くことは，業務を進める上でも欠かすことができません。円滑な人間関係を築くためのキーワードが「謙虚」「明朗」「情緒の安定性」です。他にも「誠実」「寛容」などがあります。具体的な行動でいえば「でしゃばらない」「細やかな配慮をする」「いつも笑みを絶やさない」などです。良好な人間関係を築くためには，自らが中心となるのではなく，相手をたてる必要があります。ここで挙げたキーワードや行動は，そのために必要なものなのです。

2．仕事をする上でのパーソナリティ

　判断・決定するのはあくまでも上司です。秘書は自らの考えを参考意見として述べることはありますが，それはあくまでも参考のためです。最終的には自分の意見とは違うことになったとしても，上司の決定や判断に従うことが求められるのです。

　そのような仕事上でのパーソナリティとして大切なのが，「素直な態度」と「協調性」です。上司の判断がどのようなものであっても，その判断に素直に従う態度，上司の考え方を柔軟に受け入れることができる協調性，これがあればこそ，さまざまな仕事が可能となるのです。

3．秘密を守る

　秘書は職務上，さまざまな機密事項に接する機会が多くなります。たとえそれがささいなことであっても口外してはなりません。これは秘書であれば当然守らなくてはならないモラルであり，このことはまた，社会人としても守るべきモラルといえます。その他，離席するときは重要書類は必ず整理するなど，機密管理にはくれぐれも注意してください。

チェックポイント ◎親しい相手にはつい秘密を話しがちだが，節度をもって接する。

理論編

Ⅱ

職務知識

1 秘書の役割と機能

- 秘書の役割は，上司が本来の仕事に専念できるよう，周辺の仕事を引き受けることである。
- 秘書は上司の代理・代行はできない。従って仕事の基本は以下の通りである。
  ・日常業務以外の仕事は上司と相談してから決める。
  ・上司に代わって意思決定したり，指示，命令することはできない。
  ・上司が不在でも，上司の代行をすることはできない。

● 基礎知識 ●

1．秘書の役割

　秘書の上司は管理職・経営者です。彼らの役割は，成果を上げて目標を達成することです。これに対し秘書の役割とは，上司が本来の業務を効率的・効果的に取り組めるよう，上司の手助けをすることです。できる限りこまごまとした周辺の仕事を引き受け，上司が安心して本来の仕事に打ち込めるようにサポートするのです。

2．秘書の機能

　秘書の仕事にはどのようなものがあるでしょうか。例えば，上司のスケジュール管理や，来客応対，文書作成やファイリング，資料作成など事務全般です。これら一つ一つの仕事を果たすことによって，秘書は上司が仕事に専念できる環境をつくっていきます。これが秘書の機能（働き）です。機能とは，役割を果たすための具体的な仕事のことです。

3．秘書の職務限界

　秘書が上司に代わって何かを行うことがあっても，それは秘書に任された仕事に限られており，上司本来の仕事の代行はできません。例えば決裁業務や稟議書に押印することなどです。特に新人秘書の場合は，①独断で仕事をしない。上司の指示を受けてから仕事をする，②上司が不在のときは課内の他の上司や内容が分かる人に相談するのが基本です。また上司の部下に指示したり，命令するなどは論外です。

チェックポイント ◎上司が仕事をしやすいように，環境を整えるのも秘書の務め。

2 職務に対する心構え

- 自分の立場を忘れない。
- 進んで上司を理解する。
- 機密を口外してはならない。
- 好ましい人間関係をつくる。

● 基礎知識 ●

1. 自分の立場を忘れずに行動する

　繰り返し述べていますが，秘書は上司本来の仕事を肩代わりすることはできません。また任されている日程管理，文書業務，来客応対，電話応対といった業務の進行に関しても，独断専行は許されません。特に経験の浅い秘書は，面会予約（アポイントメント）や文書作成などにおいて，細かく上司に報告・相談する必要があります。

2. 進んで上司を理解する

　秘書の仕事は公私にわたって「上司を知る」ことから始まります。例えばお茶を入れるにしても，上司の好みを知らなくては満足してもらえません。これにとどまらず，できるだけ上司を知ることが秘書の業務の基礎になるのです。そのために上司の好みはもとより，仕事の内容や権限，社内での経歴，生活環境，性格，趣味，信条などを把握し，理解を深めておくことが大切になります。ただし，業務とは関係ない私的な交遊関係などについては，自然に分かる範囲で理解しておけばよく，それ以上の必要性はないでしょう。

3. 機密を口外してはならない

　職務上，秘書はさまざまなトップ情報を知る機会があります。その中には機密情報も含まれています。それらを他言したり，ほのめかすような態度は絶対に避けます。相手が親しい同僚でも，他部門の上司でも同様です。

4. 好ましい人間関係をつくる

　秘書は上司と上司の関係者との間を取り持つ橋渡し役です。従って，秘書はその関係を常に好ましいものにするよう，最大限に努力する義務があります。好ましい人間関係は仕事の成果につながるからです。

チェックポイント ◎機密事項については，「知りません」で通す。

職務知識

3 秘書の業務内容

- 仕事に直接関連する業務
- 身の回りの環境整備
- 上司の私的な仕事
- 来客受付, 茶菓サービス, 見送り
- 慶弔の手配, 準備

● 基礎知識 ●

1．秘書の担当業務

秘書の担当業務は非常に広く，また細かいのが特徴です。多岐にわたるそれらの業務をまとめると，以下のようになります。

1）日程管理　・アポイントメント（面会予約）の取り次ぎ
　　　　　　　・予定の作成と記入
　　　　　　　・予定変更に伴う調整，予定の確認
2）来客応待　・来客の受付と案内
　　　　　　　・来客接待（茶菓のサービス）
　　　　　　　・見送り
3）電話応対　・上司にかかってきた電話の応対
　　　　　　　・上司がかける電話の取り次ぎ
　　　　　　　・各種問い合わせや連絡の処理
4）出張事務　・宿泊先の選定と予約
　　　　　　　・交通機関の選定と切符予約
　　　　　　　・旅程表の作成
　　　　　　　・関係先との連絡および調整
　　　　　　　・旅費の仮払い*と精算手続き
　　　　　　　　　＊仮払いとは，費用の概算をあらかじめ支払っておくこと
5）部屋管理　・上司の執務室，応接室の清掃整備
　　　　　　　・環境整備（照明，換気，温度調節，騒音防止など）
6）文書事務　・文書作成，文書清書
　　　　　　　・社内・社外文書の受発信事務
　　　　　　　・パソコン操作

7）会議　　　・会場の準備と受付
　　会合　　　・開催案内状，資料の作成と配布
　　慶弔　　　・出席者または主催者への連絡事務
　　　　　　　・議事録の作成
8）経理事務　・交際費の仮払いと精算手続き
　　　　　　　・諸会費の支払い手続き
9）情報管理　・社内外からの情報収集
　　　　　　　・情報の伝達
　　　　　　　・資料整理
10）突発的な　・災害，事故が発生したときの対応および来客の誘導
　　　仕事　　・社内，社外への通報
　　　　　　　・盗難にあったときの処理
　　　　　　　・交通事故にあったときの処理
　　　　　　　・押しかけ来客や強引なセールスに対する処理
11）その他　　・自動車の手配
　　　　　　　・お茶や食事の手配
　　　　　　　・上司の健康管理
　　　　　　　・薬などの購入
　　　　　　　・理髪店などの予約
　　　　　　　・上司の私的な交際の世話
　　　　　　　・上司の私的出納事務

職務知識

2．上司の私的な面もサポートする

　以上の業務の中で，難しく迷うのは上司の私的な面についてのお世話を，どこまでやったらよいのかということです。上司に依頼された仕事であれば，公私にかかわらず行う。これが基本原則となるでしょう。そこから類推して，たとえ頼まれなくても，行った方がよい仕事も秘書の担当業務となります。

　なぜ秘書は，上司の私的な面もサポートするのでしょうか。秘書の上司は一般的に，経営に関与するなど重責を負っています。そのため上司には，ほとんど私的な時間というものがありません。1日24時間を会社のためにささげているといってもよいでしょう。従ってここまでが公的で，ここからは私的といったような線引きはあまり意味をなしません。そうした上司の立場を理解して，全面的にサポートするのが秘書の役割といえます。

チェックポイント ◎乗用車の手配は秘書の仕事だが，運転記録は庶務課などの担当。

秘書業務を効率的に行うには

- 仕事の優先順位を決める。決めにくい場合は上司の指示を受ける。
- 仕事を標準化する。仕事に一つの型（流れ）をつくる。
- 空き時間を上手に利用する。

● 基礎知識 ●

1．仕事の優先順位を決める

　仕事が集中したとき，どの仕事から処理するかを決める。これが仕事の優先順位です。優先順位を誤ると，大事な仕事，重要な仕事が後回しになってしまい混乱します。優先順位を決める基準としては，上司の意向，内容の重要性，時間の制約などがあります。それらを総合的に加味して決めるのです。判断に迷うときは上司に確認するようにします。

2．仕事を標準化する

　仕事に一つの型（流れ）をつくって標準化すれば，時間を節約することができるし，効率的に行うことができます。例えば退社前の仕事の流れをまとめてみると，以下のようになります。

① 予定表を見て，翌日の仕事の手順を考える。
② 部屋の後片付けをする。
③ キャビネットやロッカーに鍵をかける。
④ 郵便物を投函する。
⑤ パソコンなど使用した機械を片付ける。
⑥ 上司の忘れ物などがないかチェックする。
⑦ 戸締まりと火の始末を点検する。
　このように流れを定型化しておけば，忘れる心配はありません。

3．空き時間を上手に活用する

　上司の出張中などのときは，比較的時間に余裕が出てきます。そのようなときこそ，例えばたまっている名刺や書類の整理など，日ごろ忙しくて手が付けられないような仕事を処理します。また普段使っている人名リストや電話番号簿などもチェックして，最新の情報を盛り込みます。

チェックポイント ◎仕事の所要時間が分かっていると，仕事が効率的に行える。

5 秘書業務の進め方
マナー・接遇・技能

● マナー・接遇面（来客応対，電話応対，交際業務など）では，丁寧な落ち着いた態度が求められる。
● 技能面（日程管理，文書事務，会議など）では，正確にしかも効率的な仕事が求められる。
● 初級秘書は，さらに以下の点を判断基準として持っておきたい。
・独断で仕事をしない。
・指示を受けてから仕事をする。
・上司が不在のときは，所属部の上司か仕事の内容が分かる人に相談する。

● 基礎知識 ●

1．来客応対
ケーススタディで正しい来客応対を学習してみましょう。

ケース1「上司は来客と用談中である。そこへ上司に会いたいという不意の来客があった。さて，どうするか……」

正答）上司の在不在は言わず，名前と用件を聞く。

ケース2「上司が出張することになり，準備をしていたところ，急な来客があった。さて，どうするか……」

正答）「出張でまもなく出かけるところですが」と言って待ってもらい，上司の指示を得る。

ケース3「上司が会議中に，上司にとって大切な来客が約束の時間より1時間早く到着した。さて，どうするか……」

正答）会議中ではあるが大切な客なので，すぐに来客到着を上司に知らせ指示を仰ぐ。

ケース4「上司が来客と面談中，約束の時間が来て，次の来客が訪ねてきた。このことをどうやって知らせたらよいか」

正答）メモ用紙に用件を書いて上司のところに持っていく。

　以上のケーススタディで共通するのは，「上司に知らせて指示を得る」ことです。特に初級秘書の場合は，このことを心がけてください。

2．電話応対

ケース「上司が役員を兼ねている会社から，株主総会への出席を依頼する電話があった。上司は現在出張中であり，また当日は上司の友人の子息の結婚式の仲人を務めることになっている。さて，どうするか……」

正答）「上司が出張から帰ったら都合を聞いて返事をしたいので，それまで待ってほしい」と答える。

　このケースではすでに予定がはっきりしているため，「株主総会へは出席できない」と答えがちですが，「独断で仕事をしない」という基準から考えると，やはり正答のような答えが求められます。

　また，電話応対では伝言メモへの記入が多くなります。伝言メモの六つの要件である①かけてきた人の氏名（会社名など），②時刻，③用件，④処置，⑤連絡先（電話番号など），⑥受信者名をしっかりと記入します。

3．日程管理

ケース「上司は，今日は取引先数社を訪ねることになっており，先方の会社とは全部アポイントメントを取ってあった。ところが急にある取引先の社長が亡くなったので，午後からその葬儀に出席することになった。この場合，秘書としてはどのようにスケジュールを調整すればよいか」

正答）午前中に訪問する予定のところを含めて上司と訪問予定を相談し，調整する。

　スケジュールに組んだ訪問の全てが急ぐわけではありません。後日に回してもよいものがあります。だからこそ上司と相談して，その日にどうしても回らなければならない会社を選び，葬儀にも出席できるように調整するのです。

4．文書事務

ケース「上司からこれを清書してもらいたいと原稿を渡された。原稿を見ると，常用漢字に含まれていない漢字が多く使われている。このような場合，秘書Aは原稿をどのようにして清書すればよいか」

正答）常用漢字外の漢字は事前に調べ，上司に申し出て，許しがあれば直して清書する。

　上記のケーススタディは常用漢字外の漢字使用ですが，同じような事例として誤字，脱字あるいはミスがある書類や手紙の清書があります。この場合も同じように，上司に申し出てから直すことになります。初級秘書（3級レベル）では，必ず上司の指示を受けることがポイントなのです。

　文書事務に関する問題では，上記問題に類似するものとしては，①礼状を代筆するときの注意，②社外関係者の自宅に送る年賀状のリスト作成のチェックポイントなどがあります。

6 秘書業務の進め方
上司の身の回りの世話，予定外の仕事

● 上司の身の回りの世話は秘書本来の仕事である。上司が安心して任せられるように，細かく気配りする。

● 予定外の仕事，突発的な仕事に対処するには，日ごろからそうした事態を想定して対策を練っておく。

● 基礎知識 ●

1．上司の身の回りの世話

　身の回りの世話の範囲は広くて，しかもこまごまとしたことが多いのが特徴です。例えば自動車の手配，飲食のサービス，上司個人の会費の払い込み，私的な交際の事務手伝い，日用品の購入，理髪店の予約など数え切れないほどあります。こうした身の回りの世話は，細かい上に目立たない仕事ばかりですが，そうであればあるほどきちんと処理するという責任感を忘れてはなりません。そのことをケースで考えてみましょう。

ケース「秘書Aの上司は花粉症なので，Aはよく市販薬を買いに行かされる。あなたがAだったら，この場合上司にどう対応するだろうか」

正答1） 市販薬を買いにいくのも仕事のうちとして買いに行く。

正答2） Aが市販薬をまとめ買いしておいて，上司の求めに応じて差し出すようにする。

　市販薬を買うことは雑務ですが，上司の雑用を取り除くのも秘書の大切な役割です。市販薬を買うことに関して，上司が気を煩わさずに済むようにすれば上司本来の仕事がはかどるのです。市販薬に限らず，弁当を買う，飲み物を買うなどの行為も同じこと。「プライベートな仕事を言い付けて」と反発するのはプロ意識の不足です。

2．突発的な予定外の仕事

　事故や急病，災害等突発的な出来事はいつ発生するか分かりません。そのようなとき，秘書としてどのように対応するかで実力が試されます。そのためにも，日ごろから突発事項を想定して適切に処理できるように，対処法を十分に検討しておく必要があります。その手始めは社内連絡先や外部通報先などのリスト整備です。こうしたリストが整備されていれば安心ですし，相談すること

もできます。

　また緊急の出来事の場合は，上司の指示を仰ぐことが不可能なことが多いでしょう。自分で判断し，自分で処理しなければならない場合も出てきます。このことも日ごろから心がけておいてください。

ケース　「秘書Aは，執務中に火災が発生したとき，自分が避難する前に秘書として一番最初に何に注意しなければならないか考えてみた。さて，それは何か……」

正答）　第一にすべきことは，来客の有無であり，もし来客があれば誘導することです。来客は社内の様子が分かりません。またお客さまですから万一何かがあったとき大変な事態になります。だからこそ，秘書としては来客の避難誘導が最優先されるのです。

チェック ポイント　◎突発事項への対策は，まとめてマニュアルにしておくと便利。

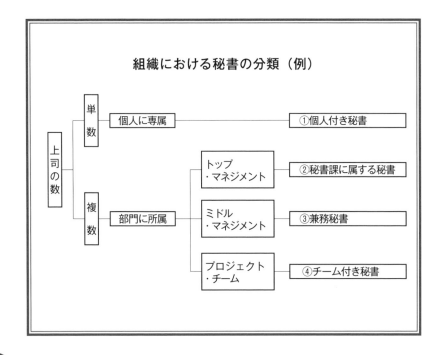

組織における秘書の分類（例）

理論編

Ⅲ

一般知識

1 経営に関する知識

> 企業の目的と形態を理解する
> 　利益の追求，社会的責任の実現を目的に，株式会社・合名会社といった形態をとりながら，企業経営は進められる。
>
> 企業の責任と経営管理の内容を理解する
> 　企業組織を成り立たせるために組織が必要であり，また生産・販売・人事・労務・マーケティングなどで合理的な経営管理が行われなければならない。

● 基礎知識 ●

1．企業の目的と形態

　企業は「利益の追求」を目的としますが，今日ではそれだけにとどまらず「社会的責任」や「人間尊重」も同時に重視されています。

　企業の形態としては大きくは公企業と私企業，第三セクターに分かれます。私企業はさらに個人企業，法人企業に分かれます。

　私企業で代表的なのは株式会社です（図1参照）。株式会社は多数の株主と専門の経営者で成り立っています。株式会社で最高議決機関は「株主総会」です。この株主総会で選任された取締役で構成されるのが「取締役会」です。代表取締役社長や専務，常務などは取締役会で互選されます。また重要な決議も取締役会にはかられます。

図1
企業の種類

- 株式会社 ── 上場会社 / 非上場会社
- 合資会社
- 合名会社
- 合同会社

2．企業の組織

　組織とは複数の人が共通の目的を達成するために協働する単位であり，企業はそれ自体が組織です。企業の組織は通常はピラミッド型となっており，上部から「トップマネジメント（経営者層）」「ミドルマネジメント（中間管理者層）」「ロアマネジメント（現場管理者層）」「一般従業員」となっています（図2参照）。

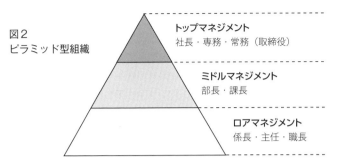

図2
ピラミッド型組織

トップマネジメント
社長・専務・常務（取締役）

ミドルマネジメント
部長・課長

ロアマネジメント
係長・主任・職長

　このピラミッド型組織を縦に流れるのが「ライン組織」であり，経営者から一般従業員まで指揮や命令が直線的に流れます。ライン組織とは別に横から援助や助言をするのが「スタッフ組織」です。通常の組織はラインとスタッフが縦横に織り込まれています。

3．経営管理

　経営管理の基本はＰＤＣＡサイクル(マネジメントサイクルともいう)です。経営者は Plan（計画）→ Do（実施）→ Check（評価）→ Action（改善）→ Plan（計画）を繰り返して，目標実現に向けて業務を継続的に改善していきます。

4．企業のマーケティング

　顧客が何を求めているかを素早く的確に知るために行う活動が，マーケティングです。具体的な内容としては「市場調査」「製品計画」「価格政策」「販売促進」「流通政策」などがあります。これらの活動結果を参考にしながら商品の開発，製造，販売が推進されるのです。

5．ＯＡ（オフィス・オートメーション）

　パソコンなどコンピューターを利用した事務機器の発達は目覚ましいものがあります。ＯＡ化の進展により，「事務コストの低減」「情報処理や伝達の迅速化」「情報精度の向上」など，さまざまなメリットがもたらされています。またインターネットなど発達した通信網は，企業活動を地方や国に限定されない広域なものに変えてきました。

6．法律

　企業経営の中で関連が深い法律としては「会社法」「労働三法（労働基準法，労働組合法，労働関係調整法）」があります。また男女間の労働差別をなくすための「男女雇用機会均等法」もあります。

チェックポイント　◎近年は大組織を目指さず，分社など小規模組織で活躍する会社もある。

一般知識

覚えておきたい用語集

企業の社会的責任　企業も社会の一員である以上，自らの利益の追求のみを目的とするわけにはいかない。株主や従業員，消費者に対してのみならず，社会的にも責任を負う必要がある。これが企業の社会的責任であり，「社会性」「公共性」「公益性」などで測ることができる。

資本と経営の分離　規模が拡大し資金が必要になると，株式の公開を行い，外部から資金を調達する。その結果，資本は分散し，株主は多数になる。そこで資本と経営は分離することになる。

株主　株式会社では出資の見返りに株式を発行する。この株式の所有者。法人株主（企業や団体）と個人株主がある。

株主総会　株式会社の最高意思決定機関。

監査役　企業の業務執行を監督検査し，株主の利益を保護する。株主総会で選出される。

取締役会　株主総会で選出された取締役の集まり。

出資者　企業活動に必要な資本を提供する人。

有限責任　出資者の責任が出資額までに限られること。株式会社の株主は有限責任である。

組織の構成要素　「協働意欲」＝共に働こうという意欲。「共通目的」＝何をすべきか明確になっている共通の目的・目標。「職能の分化」＝共通目的を達成するために必要な仕事の適切な割り振り。「権限と責任」＝階層の中での権限と責任。以上の要素がそろって，単なる集団が組織になる。

ピラミッド型組織　組織が大きくなると，組織は二つの方向に拡大する。一つは「部門化」。製造・販売・人事などの職能が専門化する。もう一つは「階層化」。適正な管理をするために，係長・課長・部長とピラミッド型に拡大する。

稟議書　ある案を担当者が起案し，関係者に回覧した後，決定権者に決裁してもらう制度。

労務管理　企業活動に携わる人間の労働力を適切に生かすのが労務。その労務に関連する制度や条件を科学的に行うのが労務管理。

人事考課　採用・配置転換・昇格・昇進・教育などを行うのが人事。仕事の遂行状態や能力，意欲などを一人一人測るのが人事考課。

生産管理　製品を生産するには，原料・機械・エネルギー・人などの要素が必要である。その生産においてより安く，より早く，よりよいものを生み出

すように準備や工程を管理するのが生産管理である。

生産性　生産するために投入された原料・資本・労働の量と，その結果作り出された製品等の量の割合。

ノウハウ　企業活動を通して得られた技術的知識や情報。

増資と減資　事業の拡張，縮小などのために資本金を増やすのが増資，減らすのが減資である。

財務管理　生産・販売などに伴う，資金の調達と運用に関する活動が財務。資金の流れのバランスと円滑化を図るのが財務管理である。

付加価値　企業が活動を通して自らつくった価値。利益が典型。

棚卸資産　販売を目的とする商品，製品や販売を目的として消費される原材料などをいう。

小切手　振出人が銀行を支払人として，受取人等に支払うよう委託した証券。

債券　国債，地方債，社債等の総称。

債権　貸した金銭などを返してもらう権利。

収入印紙　税や手数料の納付に際して用いる，政府が発行する証票。

マーケティング　顧客（市場）が何を求めているかを探り，それを製品やサービスに反映するためのさまざまな活動。「市場調査」「製品計画」「価格政策」「販売促進」「流通政策」などがある。

市場調査　顧客（市場）が何を考え，何を求めているかを，統計などの手法を使い調べること。

販売管理　製品を顧客に提供するのが販売。その販売を効率的に行うための計画と活動が販売管理である。

販売促進　セールスプロモーション。製品の販売を促進するため販売店や販売員などに対して行う援助活動。広告・宣伝のようにマス媒体を使っての活動も販売促進の一種である。

広告・宣伝　テレビ・新聞などの広告媒体を使って行う，大がかりな販売促進。企業のイメージアップを狙うこともある。

パブリシティ　広報活動の一種。企業にとって有利な情報や新しい活動状況などを，マスコミに流して取り上げてもらう活動。広告と違って企業色が薄まり，しかも費用がかからない。ニュース的な効果がある。

ダイレクトメール　ＤＭ。直接消費者に宛てた広告。宛名広告。

一般知識

151

六法　基本的な法律。憲法・民法・民事訴訟法・刑法・刑事訴訟法・商法を指す。

労働三法　労働者と使用者の関係を合理的に定める法律。労働基準法（最低の生活を営むための条件）・労働組合法（団結権の保証）・労働関係調整法（労使関係の公正な調整）を指す。

労働三権　団結権・団体交渉権・団体行動権（争議権）。憲法で保障されている。

＜その他＞

年功序列	年齢や勤続年数によって地位や給料が決まる仕組み
有給休暇	休み中も給料が支払われる休暇
福利厚生	会社が従業員の生活の充実や健康増進のための支援をすること
内示	公表する前に関係者に内々に知らせること
辞令	役目などをさせたり，辞めさせたりすることを書いた文書のこと
人事異動	地位や職務，勤務地などが変わること
昇進（＝昇格）	地位が上がること
栄転	高い地位を得て転任すること
左遷（させん）	今までよりもよくない地位に変わること
出向	会社の命令で，籍を変えずに他の会社で働くこと
肩書（かたがき）	「部長」「課長」など，その人の会社などでの地位や称号
解雇	経営者が従業員などを一方的に辞めさせること
配属	社員などをある部署に配置して所属させること
外注	会社の一部の仕事を外部に委託してさせること。アウトソーシング
原価	製品を造るのにかかった費用，または仕入れ値
抵当	借金を返せないときのために差し出す品物や権利のこと
融資	銀行などが，資金の貸し出しをすること
配当	株式会社などが利益金の一部を株主に分配すること
規制緩和	経済の活力を生むために，不必要な国の規制を廃止していくこと
行政改革	活力ある経済社会をつくるため，長期的視野で行政を簡素化する改革
経済財政白書	日本経済の状況と見通しをまとめた，内閣府が発行する刊行物

試験によく出るカタカナ用語 (50 音順)

アウトソーシング	会社の一部の仕事を外部に委託してさせること。外注
アカウンティング	会計
アシスタント	補助者
アドバイザー	助言者
アトランダム	無作為に選び出すこと
アバウト	厳密でないこと
アポイントメント	面会などの約束・アポ
イベント	行事
イレギュラー	不規則なこと
インストラクター	指導員
インターンシップ	就業体験　実習訓練
インデックス	索引
エージェント	代理人
エキスパート	専門家
エグゼクティブ	重役
エコノミスト	経済学者（経済の専門家）
エコロジー	自然環境保護
エリア	区域
エンジニア	技術者
オーソリティー	権威者
オーナー	所有者
オーバーワーク	過重労働
オブザーバー	会議などの参加者で議決権がない人
オペレーター	操作係
カジュアル	格式ばらないこと
キャスト	（演劇・映画・テレビドラマなどの）配役
キャリア	経歴
クオリティー	品質
クリエーター	創造的な仕事に携わる人
グレード	等級
ケア	世話
コーディネーター	調和が取れるように調整する人
コスト	費用
コミュニティ	地域社会
コメンテーター	解説者
コメント	解説，説明
コンシューマー	消費者
コンセンサス	合意
コンテンツ	提供される情報の内容
サポーター	支援者
シニア	年長者，上級者
ジャンル	部類，種類
スキル	技能
スケールメリット	規模を大きくしたり大量生産をすることで得られる有利性（利益）
スタンス	立場

ストック	在庫
セクション	区切られた部分のこと
ターゲット	標的
タイアップ	提携
ダイジェスト	要約
タイムラグ	時間差，時間のずれ
ダイレクトメール	見込み客へ郵送などで直接送り届ける広告のこと
ツール	道具
デッドライン	最終期限
トピック	話題
トライアル	試行
トレード	取引などのこと
ネットワーク	網状の組織
ノウハウ	物事のやり方のこと
バックナンバー	雑誌など定期刊行物の既刊号のこと
パテント	特許
バリアフリー	高齢者や障害者の日常生活に妨げになる障害を取り除くこと
ハンディー	持ち運びしやすいこと・手軽で扱いやすいこと
パンフレット	商品などを紹介するための簡単な冊子
ビジター	訪問者
ファジー	曖昧なこと・柔軟性があること
フィット	適合
ブランド	商標
フロンティア	新分野
マーケティング	商品が，生産者から消費者の手に渡るまでの一切の企業活動
マネジャー	支配人
ミスマッチ	一致しないこと
ミッション	使節団・使命
メッセージ	伝言
メディア	媒体
メリット	長所
ライフライン	生活に必要不可欠な，電気，ガス，水道，通信，交通網などのこと
リアクション	反応
リーフレット	宣伝や案内のための１枚もののチラシ
リサーチ	調査
リザーブ	予約すること
リスク	危険
リスト	一覧表
レイアウト	配置
レジュメ	要旨
ロス	損失

近年，出題された用語と意味を試験問題から抜粋した。表示した意味以外にも複数の意味を持つ用語もあるので，辞書等で確認するとよい。

IV

マナー・接遇

1 接遇のマナーと心構え

- 誠意を持って応対する。
- 公平，正確，迅速に応対する。
- 清潔感があり，仕事の場にふさわしい身なりを心がける。

● 基礎知識 ●

1．秘書と接遇

　「接遇」とは，単にその場かぎりの「もてなし」にとどまるものではありません。それによって生じる人間関係までも含めた，幅広い意味を持っているのです。それだけに受付や電話応対などで，社内外の人と接することの多い秘書としては，細やかな配慮が欠かせません。

2．誠意を持って接する

　「いらっしゃいませ」というたった一言のあいさつでも，誠意が込もっていなければ，それがそのまま相手に伝わってしまうものです。お辞儀の仕方や名刺の受け取り方でも，同じことがいえます。どんなときでも，誰に対しても，気持ちを込めて応対したいものです。

3．公平，正確，迅速に処理する

　どんな場合であっても，受付では受付順・先着順に公平に応対します。受付順序が後先になるのは不愉快なものです。

　応対では正確さも欠かせません。客の名前や社名あるいは伝言内容を正しく伝えることは，接遇者の基本です。そのためにも「復唱の励行」が求められます。

　また待たされる側は，ちょっとした時間でも長く感じるものです。迅速な応対により，お客さまを待たせないようにします。事情があって待たせる場合は，待たせる理由を説明し，相手の納得を求めます。

4．清潔感があり，仕事の場にふさわしい身なりを心がける

　相手にどぎつい印象を与えるような服装・化粧（女性）は秘書として失格です。心がけたいのは清潔感です。アクセサリーなどは派手なもの，大き過ぎるものは避けます。マニュキア，口紅は濃いものを避けます。秘書に必要な身だしなみの心得は，人目につく華やかさではないことを理解しましょう。

2 接遇・マナーの実際

受付と取り次ぎ
● 客が重なったときは「先着順」に対応する。
● 応対中に電話がかかってきたら，「失礼します」と客に断っ
　てから受話器を取り，手早く話を済ませる。
● 客を待たせるときは可能な限り理由を話し，おわびを言っ
　て，待ってもらえるかどうか相手の都合を聞く。

案内
● エレベーターに乗るときは，秘書が先に乗ってボタンを押
　して待ち，降りるときは客を先に降ろす。

紹介
● 紹介の順序は，目下の人→目上の人，社内の人→社外の人
　が原則。

茶菓の出し方
● 茶菓は，客→社内の人（地位の順）の順に出す。

見送り
● 「失礼いたしました」または「ごめんくださいませ」と言い，
会釈して送る。

● 基礎知識 ●

1．受付と取り次ぎ
1）客を迎える
　立ち上がって，笑顔で「いらっしゃいませ」とあいさつします。
2）名刺の受け方
　名刺は両手で丁寧に受け取り，社名と名前を確かめます。読み方が分から
ないときは，「申し訳ございませんが，お名前は何とお読みするのでしょうか」
と尋ねる。名刺を出さない客には，社名と氏名を確認した上で取り次ぎます。
3）アポイントメントのない客（突然の客）に対しては……
　突然の客には「どのようなご用向きですか」と社名，氏名，用件を確かめ
ます。面会を避けることがあるので上司の在否は伏せておきます。代わりの
者でもよいかどうか確認してから，上司の指示を仰ぎます。

4）アポイントメントのある客に対しては……

　「お待ちしておりました」と言い，上司に取り次ぎます。

5）上司が不在のときは……

　不在の理由と帰社予定時間を述べ，おわびをします。待つ，代行者と会う，伝言を聞く，出直してもらうなど，客の意向に添った処置をとります。

6）上司が面会時間に遅れるときは……

　遅れる理由と時間を述べおわびをします。待ってもらえるか都合を聞きます。待ってもらうときは飲み物，読み物などを用意します。

7）客が重なったとき

　アポイントメントの有無にかかわらず，到着順に受け付けます。

２．案内

1）廊下の案内

　客の右斜め前を先に立って歩きます。曲がり角では「こちらです」と方向を示します。

2）エレベーターでの案内

　乗る前に「何階でございます」と降りる階を知らせます。秘書が先に乗ってボタンを押して待ち，降りるときは客を先に降ろします。

3）応接室への招き入れ方

　応接室の前に着いたら「こちらでございます」と言って，ノックをしてからドアを開けます。ドアが外開きのときは，ドアを引いて客を先に通します。内開きのときは秘書が先に入ってドアを押さえ，客を招き入れます。

4）自動車や列車内の席次

　上位者から①②③④の順に座ります（図３参照）。

図３　乗用車と列車の席次

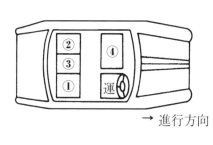

→ 進行方向

3．紹介

　客を上司に引き合わせるときは，まず客に上司を「こちらが部長の○○です」と紹介し，次に客を上司に「こちらは○○社専務の○○様でいらっしゃいます」と紹介します。社内の者を客に，目下の者を目上に紹介するのが順序です。

4．茶菓の出し方

　茶菓はお盆に載せて運びます。出し方は客，社内の者（地位の高い順）。お茶とお菓子を出す場合はお菓子を先に出します。

5．見送り

　立ち上がって「失礼いたしました」または「ごめんくださいませ」と言って軽く会釈します。エレベーターまで見送るときはドアが閉まるまで，車まで見送るときは走り去るまで見送ります。

マナー・接遇

159

3 話し方と人間関係

- 話すこと（言葉）は人間関係をつくる手段である。
- あいさつは好ましい人間関係づくりのきっかけとなる。
- 聞き手の気持ちを考えながら会話を進める。

● 基礎知識 ●

1．話すことと人間関係

　自分の考えや気持ちを伝えるときに，私たちは言葉を通して，それを表現します。また，他人の考えや気持ちも言葉を通して知ることができます。このように，話すことはそのまま人間関係をつくることにつながっているのです。

　言葉は人と人とをつなぐコミュニケーション（伝達）の重要な手段でありますが，コミュニケーションの媒体として必ずしも完全なものとはいえません。例えば「愛」という言葉。この言葉を聞いて男女の愛をイメージする人，人類愛をイメージする人，博愛をイメージする人など，人によって受け止め方はさまざまです。また同じ話を聞いても，相手を好きか嫌いかによって，話の受け止め方は違ってきます。

　言葉にはこのように限界があります。その限界をわきまえた上で，どうしたら好ましい人間関係をつくれるような話し方（言葉）ができるかを考えることが大切です。

2．あいさつと人間関係

　あいさつは人間関係づくりのきっかけです。相手を無視していないことを示し，積極的に関心があることを示します。あいさつから人間関係が始まるのです。あいさつの要領は以下の通りです。「出会ったらほほ笑みかける」「相手が年下でも，自分から先にあいさつする」「名指しであいさつし，誠実な関心を示す」「あいさつされたら相手を見て明るい返事を返す」。

3．人間関係を深める話し方

　楽しい会話をするための注意点は，以下の通りです。「話題を豊富にする」「共通の話題を選ぶ」「嫌がる話題，対立しやすい話題は避ける」「一人でしゃべらない，腰を折らない，相づちを打つなど会話のルールを守る」。

チェックポイント ◎相手の気持ちや立場を尊重すると，楽しい会話ができるようになる。

4 敬語の使い方

敬語の三つの種類
- 尊敬語……相手の動作や状態に付けて，直接的に尊敬の意味を表す。
- 謙譲語……自分または身内（家族や会社の人など）の動作や状態をへりくだることによって，間接的に相手を敬う言葉。
- 丁寧語……相手を敬い，物の言い方を丁寧にする言葉。

間違えやすい敬語
- 尊敬語と謙譲語を取り違えない。
- 二重敬語は使わない。
- 社内の人のことを社外の人に言うときは，敬語や敬称は使わない。ただし，相手が社内の人の身内であれば尊敬語を使う。
- 立場の上の人に，下の人のことを言うときは，尊敬語は使わない。ただし，立場が逆のときは尊敬語を使う。
- 「お（ご）」は敬語をつくる接頭語。使い過ぎるとこっけいな感じになる。
- 職場での人の呼び方は相手が身内か外部かによって変わってくる。

● 基礎知識 ●

1．敬語

　職場では上下関係，年齢差，先輩後輩など，さまざまな人間関係があります。この差を埋めるのが敬語です。考えることが大切です。

2．「お（ご）」の使い方

　「お（ご）」は敬語をつくる接頭語です。これを用いると丁寧になりますが，多用し過ぎはマイナスです。テーブルなどのカタカナ語や学校などの公共施設には，「お」は付けません。

3．尊敬語

　相手の動作や状態に付けて，直接的に尊敬の気持ちを表します。自分や身内には使えません。普通の言葉を尊敬語にするには「おっしゃる」「ご覧になる」などの敬語専門動詞を使うか，動詞に何らかの言葉を加えます。

1）「れる」「られる」を付ける形式
　例：行かれる，歩かれる，来られる
2）「お（ご）……になる」の形式
　例：お読みになる，お聞きになる，お待ちになる

４．謙譲語

自分または身内（家族や職場の人など）に関して，へりくだった言い方を
することによって間接的に相手を敬う言葉です。

１）「お（ご）……する」の形式（「お（ご）……いたす」にもなる）

例：ご案内する，お会いする，お送りする，ご連絡いたす

２）「お（ご）……いただく」「お（ご）……願う」の形式

例：お待ちいただく，ご案内いただく，お待ち願います，ご足労願います

３）「……ていただく」の形式

例：これを渡していただきたい，見ていただければ幸いです

５．丁寧語

聞き手に対して，直接敬意を表す言い方で，「です」「ます」「ございます」が
あります。

１）丁寧語の使用例

「部長，こちらが資料です」「先輩，私が運びます」「先生，お電話でございます」

６．職場での人の呼び方

１）社外の人に社内の人を言うときは，名字は呼び捨てる。

例：「吉田は」「部長の吉田は」

２）職名，職階に「さん」を付ける必要はない。

例：「社長」「○○社長」「部長」「○○部長」「○○さん」

７．間違えやすい敬語

１）尊敬語と謙譲語の取り違え

例：（誤）部長が申されたように→（正）部長がおっしゃいましたように

２）二重敬語

例：（誤）社長がおいでになられた→（正）社長がおいでになった

３）社外の人に対して，社内の人を言うときは敬語や敬称を使わない。

例：（誤）社長さんはご出張です→（正）社長の○○は出張です

８．よく使われる接遇用語

１）受付・取り次ぎ→「いらっしゃいませ」「お待ちしておりました」

２）案内→「お待たせしました」「どうぞおかけくださいませ」

３）不在→「席を外しておりますが，間もなく戻ると思います」

４）不明→「担当者に問い合わせて参ります。少々お待ちくださいませ」

５）苦情を受ける→「大変ご迷惑をおかけして申し訳ございませんでした」

5 電話の応対

電話の一方的な性質をわきまえる
● 相手の都合を考える。いきなり用件に入らない。
● 分かりやすく，はっきりと話す。

電話のかけ方
● 上司の代理で相手を呼び出すときは，相手が出る前に上司に受話器を渡す。
● 電話が途中で切れたときは，かけた方でかけ直す。

電話の受け方
● 外線のときは会社名，内線のときは部署名，個人名を名乗る。
● 用件は5W3Hでメモし，必ず復唱する。
● 間違い電話にも丁寧に応対する。

● 基礎知識 ●

1．電話には一方的な性質があることをわきまえる

電話は受け手の都合を考えずにつながります。従って細やかな配慮を欠くと，相手に迷惑をかけることもあるので注意します。

1）いきなり用件に入らないようにします。「今，ご都合よろしいでしょうか」など，相手の都合を確かめてから話し始めます。

2）相手の都合を考えてかけます。急ぎでなければ，朝一番，昼過ぎ，退社前など忙しいと予想される時間帯は避けるなどの配慮が必要です。

2．分かりやすく話す

分かりやすく話すための注意点は，以下の通りです。

1）名字，名前などの固有名詞は特にはっきり発音します。必要なときは「古屋です。古い新しいの古い。屋根の屋」と説明します。

2）「企画と規格」「規格と比較」など同音異義語，類音語に注意します。分かりづらいときは，補足説明をします。

3）専門用語や業界用語，略語は，事情を知らない社外の人にはなるべく使わないようにします。

3．電話のかけ方

1）かける前に用件のポイントをメモします。また，相手の電話番号，所属，氏名を確認します。

マナー・接遇

2）相手が出たら，こちらの社名，氏名を名乗ります。

3）上司に代わって電話するときは目指す相手が出る前に上司に代わります。

4）用件を伝えるときは，最初に電話した理由を簡潔に述べ，その後細目を説明します。数字や日付などはメモしやすいようにはっきりと言います。

5）相手が不在のときは，後でかけ直します。伝言を頼むときは，「伝言をお願いできますでしょうか」とお願いし，場合により用件をメモしてもらいます。最後に相手の名前を聞いておきます。

6）あいさつをして静かに切ります。かけた方が先に切るのが原則ですが，相手が上位者のときは相手が切ってからこちらが切ります。

7）電話が途中で切れたときは，かけた方がかけ直します。通じたら「失礼しました」とあいさつします。

4．電話の受け方

1）電話が鳴ったらすぐに出ます。左手に受話器，右手はメモ用の筆記具を持ちます。3回以上鳴ってから出たときは「お待たせしました」と言います。

2）外線のときは社名を，内線のときは部署名，氏名を名乗ります。

3）相手が名乗らないときは「失礼ですが，どちらさまでしょうか」と確認します。氏名不詳のまま上司に電話をつないではなりません。

4）用件は必ず復唱し，メモしておきます。

5）上司に取り次ぐときは，相手に同じ話をさせないよう，上司に用件を要領よく伝えてから代わります。

6）上司が電話口に出るまでに時間がかかりそうなときは，「長くなりそうでございますが，こちらから折り返しおかけいたしましょうか。それともこのままお待ちいただけますでしょうか」と，こちらから声をかけます。

7）上司が不在のときは，上司が不在であることを告げ，場合により「お差し支えなければ，ご用件を承りますが」「帰りましたら，こちらからお電話いたしましょうか」などと応対します。最後に「私は秘書の○○です」と名乗ります。

8）伝言を頼まれたら要点を確認しながら，用件を5W3Hの要領でメモを取ります。メモには相手の名前と社名，電話番号，用件，電話連絡の必要性の有無，受付日と時刻，受けた者の氏名などを書きます。

9）間違い電話がかかってきたときは，自社の電話番号や会社名を名乗り，丁寧に応対します。

チェックポイント ◎伝言を受けたら，最後まで責任を持つこと。メモは上司の机の上に置き，帰ってきたら口頭で電話があったことを伝える。

6 効果的な報告の仕方

- 仕事が終わったらすぐ報告する。
- 結論を先に報告し，経過はその後に述べる。
- 事実と自分の意見や推測を混ぜて報告しない。
- 複雑な内容のときはメモや文書にしておく。

● 基礎知識 ●

1．報告の基礎条件

1）数字など固有情報は確実につかむ

日時，場所，数量などその件に関する固有の情報は，間違えると大変なミスにつながります。確実につかんでおきます。

2）正確，簡潔に行う

上司は時間がありません。だらだらとした報告は避けて，正確，簡潔な報告を心がけます。そのためにもあらかじめ内容を整理しておきます。

2．効果的な報告の仕方

1）仕事が終わったら，すぐに報告する

報告は命令された仕事が終わったときにするのが原則です。特に悪い内容のときは，一刻も早く報告しなければなりません。

2）結論を先に，経過は後に述べる

だらだらとした報告を避けるためにも，結論を先に報告します。その後，必要に応じて経過や理由を述べます。

3）事実と自分の意見や推論を混ぜない

報告で特に注意したいのは，事実をありのままに述べることです。判断は上司がするからです。意見を求められたときは「私の考えでは……」「私の感じでは……」と，事実とはっきり区別して話します。

4）複雑な内容はメモ，文書にする

複雑な内容や日時，数量などを正確に伝えなければならないときは，簡単なメモや文書を作成し，一緒に提出します。

5）報告は命令を出した人に行う

マナー・接遇

チェックポイント ◎上司は忙しいので，報告のタイミングはよく考えて行うこと。

7 分かりやすい説明の仕方

> 説明する内容を十分に理解しておく
> 分かりやすく説明するためのポイント
> ● 「順序よく話す」「具体的に話す」「比較, 対照しながら話す」
> 「確認しながら話す」「視点を変えて話す」「質問を受ける (不明点を補う)」

● 基礎知識 ●

1. 説明をする前の準備

　これから説明する内容を, 十分に把握しておくことが大事です。曖昧なところは, 資料などに当たって明確にしておきます。

2. 分かりやすい説明の仕方

1) 分かりやすい言葉で話す

　難しい単語や外国語はなるべく避けます。また学術用語・専門用語・業界用語など特殊な言葉を使うとき, 相手が不慣れな場合は補足説明を加えるなどの配慮が必要です。

2) 具体的に話す

　実物・写真・地図・図表・統計・例えなどを使って話すと, 相手がイメージしやすくなり, 分かってもらえます。

3) 順序よく話す

　整理しないままに一度に多くのことを話さないこと。聞き手を混乱させます。

4) 比較, 対照しながら話す

　新しいこと, 理解が難しいことはすでに知っているものと比較・対照すると分かりやすくなります。例えば「富士山の3倍」「東京ドームの10倍」など。

5) 確認しながら話す

　一方的に話すのではなく, 途中で「ここまで, よろしいでしょうか」などと相手の理解を確認します。相手も聞いている内容を整理できます。

6) 視点を変えて話す

　途中で「これを相手から見ますと……」など視点を変えると, イメージが広がり理解しやすくなります。

7) 質問を受ける

　質問に答える形で, それまでの話の不備や不明点を補います。

8 依頼のための話し方

誠実に話し，相手に応じた話し方をする
依頼するときのポイント
● 「相手の真意をつかむ」「具体的な内容を示して，相手の不
安感を和らげる」「決して押し付けない」

● 基礎知識 ●

1．依頼する前の心構え
　依頼される側にとっては負担になることですから，依頼するときの態度は誠実さ，謙虚さが求められます。また，何を，どのように頼むのかをはっきりとさせておきます。

2．依頼するときのポイント
1）相手の真意をつかむ
　依頼されたことに対し，相手がどう受け止めているかをつかみます。仮に不快に思っているようなら，別の手段を考えなければならないからです。
2）丁寧にお願いする
　「折り入ってお願いがございますが」「急にお願いしたいことができたのですが」など，相手を頼りにしていることを丁寧に伝える。
3）具体的な内容を示す
　依頼する内容はできるだけ具体的にします。何をしたらよいのかが分からなければ，相手は不安に思うからです。
4）依頼されることに誇りや興味，満足感を持たせる
　「部長もあなたにお願いすれば安心だとおっしゃっていました」など，依頼されることに誇りや興味，満足感を持たせるとスムーズにいきます。
5）押し付けがましさは避ける
　押し付けるのは逆効果。自発的に応えてもらうようにします。

3．話の聞き方
1）相手の疑問や質問には，できる限り率直に答えます。
2）仮に相手が乗り気ではなくても，感情的にならずに話を聞きます。

マナー・接遇

チェックポイント ◎日時など，依頼の締め切りをはっきりさせておくこと。

9 注意・忠告の受け方

- 誰が言ったかではなく，何を言われたかを考える。
- 自分に非があると思ったら「申し訳ありません」と素直にわびる。
- 責任を回避しない。「でも」「だって」「しかし」は禁句。
- 感情的にならない。強がりは言わない。

● 基礎知識 ●

1．失敗をプラスに転じる

　自分ではよくできたと思っても，上司など他人から見たら不十分なところ，至らないところはたくさんあるものです。そのようなとき，忠告や注意，あるいは批判されることがあります。しかし，それはあなたの成長を願ってのことであり，マイナスをプラスに転じてほしいという期待からなのです。間違っても感情的に受け止めないでください。

2．注意，忠告の受け方

1）誰が言ったかではなく，何を言われたかを考える

　「彼女だけには，そんなこと言われたくない」「課長が言ったから仕方ない」。誰が言ったかだけに注意していると，肝心の何を言われたのかが分からなくなります。これではせっかくの注意，忠告が生かされません。何を言われたかを理解することが大切なのです。

2）「申し訳ありません」と素直にわびる

　自分の間違いを指摘されたら，「申し訳ありません」と素直にわびます。

3）責任を回避しない

　仮に自分に言い分があったとしても，ミスはミスです。「でも」「だって」「しかし」と言い訳したり弁解してはなりません。相手が完全に勘違いしているときは，最後まで話を聞き，穏やかに事情を話します。

4）感情的になったり，強がりは言わない

　ミスを指摘されたら素直に反省します。「どうせ私なんか」と感情的になったり，「たまたまだった」などと強がりを言うのはプラスになりません。

3．苦情の受け方

　個人とは別に会社にも，消費者などから苦情や注意の電話があります。話は最後まで聞き，感情的にならずに対策を説明します。

10 交際の業務

> 結婚式など慶事と秘書の仕事
> ● 出欠の返事，祝電，祝い金，祝い品などを準備する。
> ● スタッフとして受付などを手伝う。
> 葬式など弔事と秘書の仕事
> ● 事実，葬儀日程・場所などの情報を入手し，確認する。
> ● 上司の代理として出席する。

◖ 基礎知識 ◗

1．慶弔の種類
1）慶事（祝い事）
　　会社関係の慶事には，創立記念行事・新社屋落成式・就任披露・新店舗開業披露・叙勲祝賀式などがあります。一般の慶事としては，結婚・出産・入学・卒業・成人式・結婚記念日・賀寿（長寿の祝い）などがあります。
2）弔事（不幸）
　　死去（通夜，葬式，告別式，社葬）と供養（法要）などがあります。

2．結婚式と秘書の仕事
1）上司が披露宴に招待されたとき
　　上司の意向により出欠の返事を書きます。出席のときはお祝い金，もしくは品物を用意します。
2）上司が結婚式の主催者側になるとき
　　秘書がスタッフとして招待状の作成・発送，スタッフの役割分担，当日の受付などを担当することがあります。この場合は一般の招待客とは性格が異なるため，服装は準礼服にします。会社に戻って仕事をすることもあるので，振り袖などの着物はふさわしくありません。

3．弔事と秘書の仕事
1）弔事の情報確認
　　弔事の情報を入手したら，その内容が正しいかどうかを確認します。確認ポイントは以下の項目です。「逝去の日時」「通夜の場所と時刻」「告別式の形式（宗教），場所」「喪主の氏名と住所，電話」などです。
2）上司との打ち合わせと手配
　　上司とは次の点について打ち合わせし，必要なことは手配します。「弔電を打つか」「上司が出席か，代理が出席か」「香典の金額」「供物，供花の手配」「葬

169

儀の手伝いの必要性」などです。

4．弔事の心得

1）通夜

　　遺族，親族，親しい知人によって，臨終の翌日あるいは翌々日に行われます。故人と親しい場合は，早めにお悔やみに行きます。

2）葬式と告別式

　　仏式では葬式と告別式は分かれます。葬式は遺族，親族，友人などが参加し，読経，弔辞，焼香を行います。その後，故人との最後の別れを行う告別式があります。一般参列者は告別式に参加します。

　　遺族に対するあいさつは「このたびはご愁傷さまです」「お悔やみ申し上げます」など，言葉少なく悲しみの心を伝えます。

　　霊前に供物，供花を供えるときは，前日までに届けるのが望ましいでしょう。告別式などで知人に会うこともあるでしょうが，大声で話したりせず会釈程度にとどめておきます。

3）香典の上書き

適用例	上書きの用語
仏式の葬儀／法要	御霊前・御香典・御仏前
神式の葬儀・霊祭	御神前・御玉串料・御榊料・御霊前
キリスト教式の葬儀・追悼会	御花料・御花輪料・御霊前
カソリックの場合の葬儀	御ミサ料
香典返し	志・忌明
神式・キリスト教の法要	御花料
全ての宗派	御霊前

4）服装

　　男性は遺族など近親者の場合はモーニング，一般会葬者は略礼服・ダークスーツ。いずれも白ワイシャツ，黒ネクタイ。女性は喪服か黒ワンピース・スーツ。靴，ハンドバッグなどは黒。アクセサリーはパール以外着けません。

5）弔事に関する用語

訃報	死去したという知らせのこと	供物	霊前に供える物品のこと
逝去	人を敬ってその死を言う一般的な言葉	会葬	葬儀に参列すること
弔電	死を悔やむ電報のこと	弔辞	亡くなった人を弔い，その前で述べる悔やみのこと
弔問	遺族を訪ねて悔やみを言うこと	焼香	霊前に香をたいて拝むこと
香典	香や花の代わりに死者の霊前に供える金銭	喪中	亡くなった人の身内が喪に服している一定の期間
供花	仏前に花を供えること，またはその花のこと	遺族	亡くなった人の後にのこった家族

技能

1 会議の目的と形式

- 会議の目的は情報の伝達・交換，相互啓発，意思決定，アイデア収集などである。
- 会議の形式は説明会議，研究会議，問題解決会議，研修会議などがある。
- 会議を開催するためには主催者，司会，参加者が必要。
- 株式会社の重要会議には株主総会，取締役会，常務会がある。

● 基礎知識 ●

1．会議の目的

会議の主な目的としては，情報の伝達・交換，相互啓発，意思決定，アイデア収集などがあります。その結果として合意を得たり，共通の理解・結論を得るのです。会社などの組織では欠かせないものとなっています。

2．社内会議の形式と内容

1) 説明会議

リーダーや担当者などが持っている情報を伝達するための会議です。

2) 研究会議

参加者同士の情報交換と相互啓発が狙いです。

3) 問題解決会議

あるテーマの問題解決を図り，意思決定を果たします。

4) 研修会議

情報伝達と相互啓発が目的です。課題をめぐって討議し，理解を深めます。

5) アイデア会議

よく使われるのがブレーンストーミング。テーマに対し，自由にアイデアを出し合います。批判は絶対に禁物。自由に伸び伸びとアイデアを出します。

3．株式会社の重要会議

1) 株主総会

株式会社の最高意思決定機関。会社法で開催が義務付けられています。

2) 取締役会

株主総会で選出された取締役の会議。会社の基本方針を決めます。

3) 常務会（経営会議）

常務以上の上級取締役が集まり，会社運営の最高方針を決める会議です。

2 会議と秘書の仕事

会議開催前の準備
- 会議室の予約など会場を手配する。
- 参加者へ開催案内を送付する。
- 会議資料を作成する。
- 当日の役割分担を決めておく。

会場の設営
- 円卓式，ロの字・コの字・Ｖの字形，教室式のどれかを選ぶ。

会議中の主な仕事
- 予定表に基づき出欠を確認する。
- エアコンや出席者の持ち物の管理を行う。
- 茶菓や飲み物のサービスを行う。
- 会議の記録を取る。
- 電話の取り次ぎをする。
- 終了後，後片付けを行う。

● 基礎知識 ●

1．会議の準備と計画

1）会議場の準備

　チェック項目としては，人数に応じた広さ，必要な時間，照明，冷暖房，換気の具合などです。社外のときは交通機関の便も考慮します。

2）会議の開催案内

　会議の開催案内は文書，電話，電子メール，口頭のどれかで行いますが，最終的には文書で確認してもらいます。社外の場合は，余裕を持って案内します。開催案内状には次のような項目を入れます。「会議の名称」「開催日時」「開催場所（必要ならば地図，電話番号を添付）」「議題（開催の趣旨）」「出欠（連絡方法と締切日）」「主催者（事務局）と連絡先，担当者名」。

3）会議資料

　できる限り事前に配布します。忘れる人がいるので当日も用意します。

2．会議場の設営

　主なレイアウト方法は，次のようになります（図４参照）。

1）円卓式

技能

20人くらいまで。自由な雰囲気で話し合えます。角机でもよいです。

2）ロの字形

人数が多いときは，中に空きを作ってロの字形にします。

3）コの字形・Vの字形

研修などで用いられます。開口部にリーダー席（発表者席）があります。

4）教室式

参加者が多人数のときは，教室のような机の配置にします。

図4　机と椅子の配置

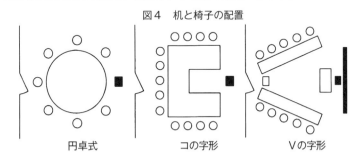

円卓式　　　　　　　　コの字形　　　　　　Vの字形

3．会議中の秘書の仕事

1）出欠調べ

出席予定者の一覧表を作成しておき，それによって当日の出欠席をチェックします。

2）会場の管理

冷暖房，換気，騒音防止など，会議場を快適にするための調節，管理をします。また出席者から預かった衣類，持ち物も管理します。

3）接待

事前の打ち合わせに基づき，茶菓や飲み物などを出します。必要に応じて食事を出します。

4）記録を取る

上司が司会をするときなどは，秘書が記録を取ることがあります。内容を要約し，ポイントを外さずにまとめていきます。

5）電話の取り次ぎ

会議中に電話を取り次ぐかどうかは，あらかじめ上司と相談します。

6）後片付け

机を元通りにし，コップや茶わんなどを整理します。大きなゴミも片付けます。最後に窓やドアの鍵を確認します。

チェックポイント ◎社外での会議では，卓上用あるいは胸用の名札を作ることもある。

3 文書作成

> ビジネス文書には社外文書，社内文書がある
> 社外文書作成の注意点
> ● 文体は「です・ます」体を使う。現代仮名遣いを使う。
> ● 横書きを基本とする。
> ● 敬語は正しく使う。頭語・結語も正しく使う。
>
> 社内文書作成の注意点
> ● あいさつは省略する。
> ● 横書きを基本とする。
> ● フォーム化する。
> ● 必要な項目は，「文書番号」「日付」「受信者名」「発信者名」
> 「標題」「本文」「記」「添付書類」「担当者名」。
>
> 主な社内文書の種類
> ● 「稟議書」「報告書」「通知文」「案内文」

● 基礎知識 ●

1．ビジネス文書の基本
1）文章
　　文体には「だ・である」体と「です・ます」体があります。社外文書では「です・ます」体を使います。特に社外文書では，敬語は正しく使うようにします。
2）現代仮名遣い・常用漢字を基本とする
　　仮名遣いの基本は現代仮名遣いです。漢字の基本は常用漢字です。これらは中学までに学習していますから，誤りのないようにしてください。
3）横書きにする
　　特別な場合を除き，ビジネス文書は横書きが原則です。
4）社外文書は頭語，結語，慣用句を忘れない
　　社外文書は礼儀が大切です。謹啓・拝啓などの頭語，敬具などの結語は欠かせません。また，先方の繁栄を祝う「貴社いよいよご発展のこととお喜び申し上げます」「時下ますますご清祥のこととお喜び申し上げます」などの慣用句を用います。

2．社内文書を書くときの注意点
1）効率，スピードを重んじる
　　社内文書とは通知，報告，届けなどです。社内で用いられるため，礼儀は最低限とし，それよりは迅速な内容伝達を目指します。

技能

175

2）丁寧な表現は控えめにする

　社内文書では一般的に，丁寧な表現は控えるようにします。例えば「～いたします」は「～します」,「お願い申し上げます」は「お願いします」,「まずは，ご通知申し上げます」は「以上」などとします。

3）文章は短く，主語・述語ははっきりさせる

　効率のよい伝達を果たすためにも，だらだらとした長い文章は避けます。また主語・述語もはっきりとさせてください。

4）頭語・結語，あいさつは省略する

　社内文書では頭語・結語は不要です。時候のあいさつもいりません。また文末も「以上」を付けるだけです。

5）数字の表記

① 算用数字は番号，金額，数量などに用います。

② 漢数字は固有名詞（三重県），概数（数十日），慣習語（一般）などで用います。ケタの大きい単位の場合，両方の混合もあります（2万，5億）。なお「千」は「4」と間違えやすいので，混合のときも用いません。

3．社内文書の形式

① 文書番号

　右上に書きます。一般的には年度，発信部課名，連続番号の順です。

② 日付

　文書番号のすぐ下に書きます。多くは元号を使いますが，西暦もあります。

③ 受信者名

　「経理部長殿」など役職名だけを記し，氏名は書きません。ただし，個人に宛てる文書は氏名を書きます。

④ 発信者名

　役職名を記し，氏名は書きません。

⑤ 標題

　発信者名の下1行空けた中央部に，本文の内容を分かりやすく表した標題を書きます。短い文書では付けません。件名ともいいます。

⑥ 本文

　結論を先に書き，理由や説明は後にします。標題を書くときは繰り返さずに，「標記の件について……」と書きます。

⑦ 記書き（別記）

　本文に書き込むと長くなり，分かりにくくなるときがあります。そのときは本文の最後に「下記の通り」として，その内容を「記」以下に箇条書きします。

⑧ 添付書類

　資料や図表があれば，その名称と数を記します。

⑨ 以上

　最後に必ず「以上」と書きます。結びの言葉にあたります。

⑩ 担当者名

　発信者が担当者と異なるときは，本文の内容についての問い合わせに応じるために，記書きの右下に所属部署，担当者名，電話番号（内線）を記します。

図5
社内文書の形式

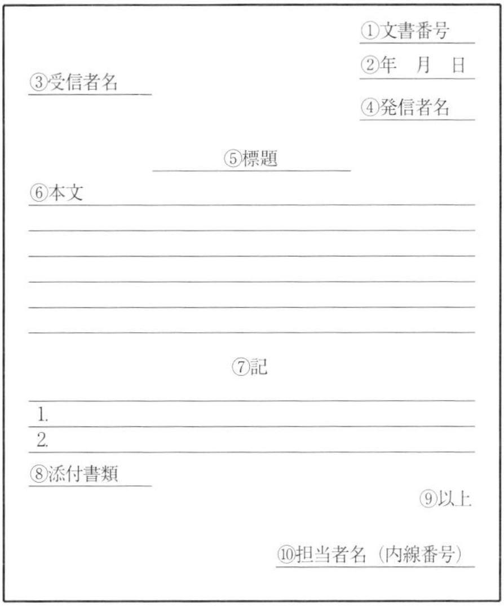

4．社内文書の種類

1）稟議書

　担当者の権限だけでは実行できない案件については，上長の決裁が必要となります。決裁を仰ぐ書類が稟議書です。起案書とも呼ばれています。

2）報告書

　事実や経過を報告する書類です。出張報告，調査報告，研修報告などがあります。定期的な報告書としては日報，週報，月報があります。

3）通知文

　社としての決定事項を知らせるもので，社員はこれに従い行動します。

4）案内文

　厚生施設利用の案内など。社員の便宜を図るためのもので強制力はありません。

技能

4 メモの取り方と種類

上手なメモの取り方
● 上司の指示は要領よく，正確にメモする。
● 自分のためのメモは，略語や符号を決めておくと手際よく
メモできる。

メモの種類
● 自分のためのメモ
● 上司が秘書に指示するメモ
● 伝言メモや要約メモなど，上司のためのメモ

● 基礎知識 ●

1．上手なメモの取り方
1）要点をつかむ
　言われたことをそのまま書くのはメモではありません。また，速記技術でもない限り不可能なことです。要点をしっかりつかんで，分かりやすく記述する。これがメモの基本です。
2）形式を決めておく
　伝言メモのように，同じ目的でしばしば作成するようなメモのときは，形式を決めておくと（帳票にしておく）非常に便利です。また，自分のためのメモでは，スピードアップのために符号や略字などを決めておくと，効率的にメモできます。

2．メモの種類
1）自分のためのメモ
　何かを読んだり，聞いたりして，後々の参考にするために作成するのが自分のためのメモです。もちろん，上司が言ったことも対象となります。
2）上司が秘書に指示するメモ
　込み入った内容を秘書に指示する際に上司が作成したり，その内容を確認するために秘書が作成するなど，お互いの連絡を密にするメモです。
3）上司が不在のときの伝言メモ，要約メモ
　上司の不在中にかかってきた電話の要約や，頼まれた伝言の内容をまとめたメモです。一番頻繁に作成されます。

5 グラフ作成

> グラフに必要なもの
> ● タイトルと目盛り
> ● 脚注・引用資料
> ● 調査の時期と調査機関
>
> 折れ線グラフ（線グラフ）の特徴
> ● 連続した動きを示し，線の高低で比較する。
> ● 物価統計，売上統計などに用いる。
>
> 棒グラフの特徴
> ● 棒の長さによって大小を比較する。
> ● 支店別売上比較，部署別人員構成などに用いる。

● 基礎知識 ●

1．グラフ作成の基本

1）タイトルと目盛り

　　グラフの内容を簡潔に表すタイトルを，グラフ中央部に書きます。タイトル
だけで分かりにくいものはサブタイトルを入れます。目盛りは基点を0として
記入します。目盛りの刻み方は内容によって変わります。

2）脚注・引用資料

　　内容について説明が必要なときは，「複数回答のため合計は100％を超える」
などと左下の余白に書きます。出典が別にあれば，引用資料を下部に書きます。

3）調査の時期と調査機関

　　オリジナルの調査であれば，調査の時期と調査機関を記入しておきます。

2．折れ線グラフ

1）折れ線グラフの特徴

　　折れ線グラフ（線グラフ）は連続した動きを示し線の高低で比較します。

2）折れ線グラフの書き方

　① L字型の基線を引き，横軸に時間，縦軸に数量などをおくのが一般的です。

　② 複数の線があるときは，実線，破線（点線），鎖線などで区別します。

　③ グラフの下が空きすぎるときは，中断記号で途中を省略します。

　④ 予測の数値は破線で書き，そこが予測であることを別記します。

技能

179

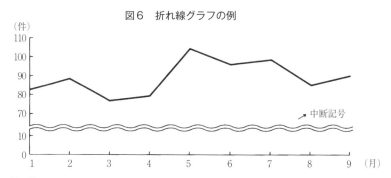

図６　折れ線グラフの例

３．棒グラフ

１）棒グラフの特徴

　　棒の長さによって数の大小を比較します。各課別の人員数の比較，商品別売上高の比較などを表すのに適しています。

２）棒グラフの書き方

　① Ｌ字型に基線を書きます。横軸から上方に棒を伸ばす「縦棒グラフ」が一般的です。この場合は横軸に国，会社，部署，季節，月などの属性を置き，縦軸に数量などをとります。

　② 各棒の幅は均一とし，グラフの大きさに合わせます。

　③ 基点は０。全体の棒が長過ぎるとき，あるいは一部の棒だけが長過ぎるときは，途中を省略し，そこに中断記号を入れます。

　④ 一つのグラフに二つの種類の棒が並ぶときは，色分けしたり網かけするなどして識別します。

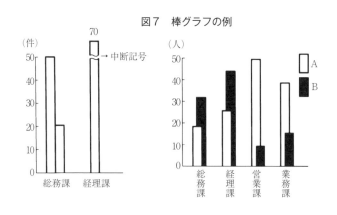

図７　棒グラフの例

チェックポイント ◎グラフの種類は他にもあるが，秘書検定3級では主に折れ線グラフと棒グラフが対象となっている。

6 文書の受信・発信

文書受信の注意点
● 開封しないで上司に渡す文書→親展，「秘」扱い，書留，私信，不明文書など。
● 開封して，仕分けする文書→上記以外の文書。
● 独自に処理してよい文書→ダイレクトメール，広告など。

文書発信の注意点
● 社内宛ての文書は，同一事業所内は秘書が届ける。「秘」扱い文書は封筒に入れる。
● 社内宛ての重要文書は，文書受渡簿に記入し，受領印をもらう。

● 基礎知識 ●

1．受信文書の処理方法
1）上司宛ての私信と業務用の文書，不明な文書をそれぞれ仕分けします。
2）私信は開封しないで上司に渡します。
3）業務用の文書でも親展，書留，「秘」扱い文書は開封せずに渡します。
4）それ以外の文書は開封し，内容に目を通して重要度，緊急度を判断し，以下の要領で整理して上司に渡します。文書は封筒と一緒にクリップで留め，重要なもの，優先するものを上にして上司に渡します。その際，返信文については，こちらのファイルから往信を探して添付しておきます。また，DMや広告物など上司に見せる必要のないものは処理します。
5）請求書や見積書は計算チェックをし，必要であれば文書の要点をメモしたり，重要部分にアンダーラインを引いておきます。
6）不明な文書は開封せずに上司に渡します。

2．社内文書の発信
1）「秘」扱いの文書の取り扱い
　「秘」扱いの文書は封筒に入れて封をしてから送ります。封筒に「秘」の印などの表示をしないようにします。
2）重要文書の受け渡し
　表題や内容を文書受渡簿に記入し，相手のところに文書を持参します。受け渡しをしたら，相手から受領印をもらいます。

技能

7 郵便の知識

秘書が心得ておくべき郵便物
● 「はがき」「封書」「郵便小包」「速達・書留」「その他の特殊
取扱い」「大量郵便物の発送方法」「郵便振替」

● 基礎知識 ●

1．はがき

1）はがきの種類

　　郵便はがきには通常はがき，往復はがきがあります。その他に私製はがき，
私製往復はがきがあります。

2）はがきの通信面

　　はがきの通信文は裏面の他に，表面（印刷面）の下半分にも書けます。また
密着させることができれば，6g内の重さでピタッと貼りつけられるもの，例
えば収入印紙やシールなども送れますので，領収書としても利用できます。

3）往復はがきの書き方

　　返信用はがきは図8のように，こちらについている敬称を消し，宛名の「行」
を「様」や「御中」に書き直してから出します。また，ご芳名は「ご芳」まで
2本線で消します。

図8　返信用はがきの書き方

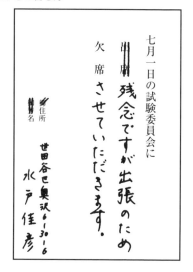

2．封書

1）定形郵便物

　　長さ 14cm～ 23.5cm，幅９cm～ 12cm，厚さ１cm以内，重量 50 ｇ以内の郵便物です。これ以外は全て定形外郵便物となります。

2）宛名の書き方

　　図９のように縦長式と横長式があります。切手の位置に注意します。

図９　封書の宛て名の書き方

縦長式（横書き）　　縦長式（縦書き）　　横長式

3．郵便小包

　　「ゆうパック」は重さ 25kg までの荷物を，「ゆうメール」は 1kg までの書籍やカタログ，CD などを送るときに利用します。ゆうメールはゆうパックより割安です。

4．速達と書留

1）速達

　　郵便物の最上部に赤で速達と書きます。速達料金がかかります。

2）書留

　　郵便物を確実に届けるためのもので，現金は現金書留で，重要文書は簡易書留で，小切手・手形などは一般書留で送ります。

5．特殊取扱い

　　配達証明は何月何日に確かに配達したという証明が得られます。内容証明はどういう内容の文書を出したかの証明です。いずれも書留に限ります。

6．大量郵便物の発送方法

　　料金が同一の郵便物を 10 通以上出すときは料金別納制度，月に 50 通以上出すときは料金後納制度があります。

7．郵便振替

　　郵便局から先方の郵便振替口座に送金する方法です。

技能

8 ファイリング

ファイリングとは，文書をいつでも取り出しやすいように整理，保管しておくことである。秘書はファイリングのための用具やその方法を知っておく必要がある。
- ファイリングのための用具
- ファイルのまとめ方，並べ方
- キャビネット式による整理法

● 基礎知識 ●

1．ファイリングの用具
1）ファイルのための用具
　① クリップ
　　ゼムピンまたはゼムクリップとも呼ばれ，文書を仮に留めるピンです。
　② ホチキス
　　ステープラともいう。書類などを針でとじます。
　③ 穴あけ器
　　パンチのこと。とじ穴を開けるための道具。
2）ファイル
　中にとじ具がついている書類挟み。フラットファイルともいう。
3）トレー（デスクトレー）
　書類を入れる箱。決裁箱ともいう。二つ並べるか二段にして，一方に未処理の書類，一方に処理済みのものを入れる。

2．ファイルのまとめ方
1）ファイルするときの原則
　書類をばらばらに保存しているのでは，探しづらく時間がかかります。そこで何らかの基準を立てて書類を分類し，それによってファイルします。
　まとめる際の原則は「よく一緒に使う書類は，同じファイルにまとめる」ことです。一般的な基準としては以下のものがあります。「相手先別整理」「主題別整理」「一件別整理」「標題別整理」「形式別整理」。なかでもよく使われるのは相手先別整理，主題別整理，一件別整理です。
2）相手先別整理
　手紙，書類などで「誰から（どこから）来たものか」「誰に宛てて（どこに

宛てて）出したものか」と，個人や会社ごとに1冊のファイルにまとめてい
く整理手法です。ファイルのタイトルは相手の名前（社名）で，その相手と
やりとりした手紙や書類は，全て同じファイルに入ります。

　相手先は複数ありますから，それをさらに整理しなければなりません。そ
のときは五十音順，アルファベット順，数字記号順，五十音順と数字記号順
の併用などの方法がとられます。

3）主題別整理

　書類や手紙の内容のテーマ，つまり「何が書かれているか」を捉えて，そ
のテーマ別にまとめるのが主題別整理です。例えば事務機器のカタログがた
くさんあるとします。これを販売元の会社別にまとめるのが相手先整理です。
机，椅子など製品別にまとめるのが主題別整理となります。

4）一件別整理

　特定の事業に関する書類は，出どころ・内容がどうであれまとめてしまう
方式です。例えば「新社屋建設事業」があるとすれば，その企画会議議事録
から途中経過，見積書，請求書など，新社屋建設関連の書類ならば，どこか
らのものであっても全て一まとめにするのです。

3．キャビネット式整理法と用具

　キャビネット式整理とは書類をフォルダーに入れ，キャビネットにカードの
ように立てて並べ整理する方式です。大量の書類を整理，収納する方式として
オフィスでよく使われます。

1）キャビネット

　分類した書類を保管するための収納具。正しくはバーチカルファイリング・
キャビネットといい，フォルダーを収容します。

2）フォルダー

　厚紙を二つ折りにした見出しの付いた書類挟み。折り目を下にしてキャビ
ネットの引き出しに立てます。特定の相手やテーマ関連の書類を挟む「個別
フォルダー」と個別フォルダーがない書類を挟む「雑フォルダー」の二種類
があります。

3）ガイド

　キャビネットの引き出しに並べたファイル（書類を挟んだフォルダー）を
区切り，そのグループの見出しの厚紙のこと。

4）ラベル

　フォルダーの中の書類の内容を書いてフォルダーの山に貼る紙。

技能

チェックポイント ◎ガイドは色分けしてグループの違いを一目で分かるようにする。
◎ファイルは書庫（保管庫）や引き出しに立てて並べる。

9 資料管理

> **名刺の管理**
> ● 名刺整理簿，名刺整理箱で整理する。パソコンでの管理も増えている。
> ● 会社名か個人名を整理の基準にする。
>
> **新聞，雑誌，カタログ類の保存**
> ● 新聞は翌日，雑誌は次号が発行されたら切り抜き保存する。
> ● ネットやメールニュースなどの情報はパソコンで管理しておくとよい。

● 基礎知識 ●

1．名刺の管理

1）名刺の整理方法

① 名刺整理簿

帳簿式の台紙です。一覧性はありますが，差し替えが不便，大きさの違う名刺は収納しにくいなどの欠点もあります。

② 名刺整理箱

細長い箱にカード式に名刺を整理するもの。名刺の数が多くなったら，名刺整理箱の方が便利です。分類ごとにガイドを立てて探しやすくします。

③ 電子機器

パソコンなどのデータベースを使っての整理も，最近は増えてきました。

2）名刺整理箱での整理方法

名刺の分類は社名か個人名のどちらかです。それぞれを五十音順に分け，音の区切り（ア，イ，ウあるいはア行，カ行）にガイドを立てます。

3）名刺の更新

1年に1回は整理し，古い名刺，不要な名刺を廃棄します。

2．新聞，雑誌，カタログ類の切り抜き，保存

新聞は翌日，雑誌は次号が来たら，カタログ類は適宜切り抜きます。上司が指定したもの以外にも，自分が必要だと判断したら切り抜いておきます。切り抜きには紙（誌）名，日付など必要な情報を書きます。ネットやメールニュースなどの情報はパソコンで管理しておくとよいです。

10 環境整備

- 照明，防音，色彩，空気調節など室内環境の整備に配慮する。
- 上司の身の回りの整備をする。
- 室内の掃除をまめに行う。

● 基礎知識 ●

1．室内環境の整備

1）照明

オフィスの採光（自然光線の利用）や照明（人工光線の利用）の良しあしは，仕事に影響してきます。照明方法には直接照明，間接照明，半間接照明があります。これらと自然光線を上手に組み合わせて最適の明るさをつくるのも秘書の務めです。

2）防音

室内はできるだけ静かさを保ちます。そのためドアチェックを付け開閉の音をなくす，厚手のカーテンを引いて外部の音を遮る，壁などに吸音材を張るなどの防音対策をとります。

3）色彩調節

色の持つ物理的性格と人間に与える生理的，心理的作用を活用すると，仕事にもよい影響を与えます。オフィスは茶色やベージュ，グレーなど落ち着いた色を基調にすることが多いようです。

4）空気調節

オフィスの空気調節は集中的に行っているところが多いですが，それでは調節しきれない場合や，集中設備のないオフィスの場合は，秘書が乾湿度計などをもとに，その季節に適した温度，湿度を保つようにします。

2．上司の身の回りの整備

秘書は上司が使う備品などを点検，確認します。主な点検，確認項目は以下の通りです。「上司の机上の備品」「接待用品」「決裁箱内の書類の有無」「上司用の用箋，メモ用紙，名刺」。

3．掃除による室内の美化

執務室の家具，じゅうたん，電話機，応接セット，油絵などは，毎朝あるいは期間を決めて，定期的に掃除します。場合によってはクリーニングに出すこともあります。

技能

11 事務機器・用品とIT用語

> オフィスの代表的な事務機器や用品を知る
> よく使われる IT 用語や OA 用語を知る

オフィス家具，事務機器・用品を知る

パンチ	紙にとじ穴が開けられる器具
ゼムクリップ	数枚の書類を一時的にまとめて留めるもの
スタンプ台	ゴム印を押すとき色を付けるもの。スタンプパッドともいう
ナンバリング	書類に通し番号を打つための機器
チェックライター	手形や小切手に金額を打ち込む器具
ペーパーウェイト	文鎮
デスクトレー	机上に置き，書類を一時入れておくための浅い箱
フラットファイル	中にとじ具が付いた書類挟み。引き出し等に並べて整理する
レターヘッド	便箋の上部に印刷した会社名や住所，マークなどのこと
ハンギングホルダー	枠につり下げられるフォルダーで，ハンギングフォームに収める
ファイルボックス	中に数冊のファイルを立てて収納する箱のこと
インデックス	目的のものを探す手掛かりになる見出しのこと
キャビネット	フォルダーを収納しておく，スチール製などの引き出し式収納具
パーティション	部屋などの間仕切り
ブラインド	窓からの光を入れたり遮ったりするすだれのようなもの
ホワイトボード	白板。フェルトペンなどで黒板のように会議などで使う
スツール	応接セットに補助としておいてある背もたれのない腰かけ
シュレッダー	不要文書を裁断する機器
タイムレコーダー	従業員がカードに出退勤時刻を記録する機器
パンフレット	宣伝のための薄い冊子のこと
リーフレット	宣伝や案内のための1枚もののチラシ
スクラップ	新聞，雑誌などの切り抜きのこと

身近な IT 用語，OA 用語

圧縮	特定の処理手順に従ってデータの容量を小さくすること
インターネット	世界のコンピュータをつないだ，ネットワーク
ウイルス	コンピューターに侵入して障害などを引き起こすプログラムのこと
上書き保存	内容を変更した文書を，もとの文書と置き換えて保存すること
OS	コンピューターを動かす基本となるソフトウェアのこと
均等割り付け	文字を，行の中の指定した範囲内に均等な間隔で並べること
サーバー	ネットワーク内のコンピューターの要求に応じて，必要な機能を提供する装置のこと
社内LAN	社内などに限られた地域でのパソコンによるネットワーク
スキャナー	写真や文字を画像データとしてパソコンに取り込むための装置
スクロール	画面の表示内容を上下左右に移動させること
セル	表計算ソフトのワークシートの升目のこと
ソート	データの集まりを一定の規則で並べ替えること
ディスプレイ	文字や図形などを表示する画面のこと
データベース	必要なときに取り出せるようにデータを蓄積したもの
電子メール	インターネットなどのパソコンネットワークを通じて書簡，書類のやりとりする機能
ドラッグ	マウスボタンを押したままマウスを動かす動作のこと
パスワード	コンピューター利用者を確認するための暗証番号などのこと
ファクシミリ	文書などを通信回線を用いて電送する装置
フォント	字体。文字の大きさではない
フリーズ	コンピューターの操作中に，何らかの異常でコンピューターが停止すること
プリンター	入力した文字や図などを印刷する機器
プロジェクター	パソコンの画面を大型スクリーンに投影する機器
マウス	動かすと画面上のカーソルが動く器具のこと
メモリー	データやプログラムを記憶する装置
文字化け	文字などが意味不明な記号に置き換わって表示されてしまう現象

技能

秘書検定3級実問題集　2024年度版

2024 年 3 月 1 日　　初版発行
2024 年10月 1 日　　第 2 刷発行

編　　者　　公益財団法人 実務技能検定協会 ©
発行者　　笹森 哲夫
発行所　　早稲田教育出版
　　　　　　〒169-0075　東京都新宿区高田馬場一丁目4番15号
　　　　　　株式会社早稲田ビジネスサービス
　　　　　　https : //www.waseda.gr.jp/
　　　　　　電話　(03) 3209-6201

秘書検定 実問題集

解答・解説編

〈記述問題は解答・解答例となります〉

2024 年度版

第126回 ▶ 第131回

本編から外して利用できます

この解答・解説は，
本体部分を押さえながらていねいに引っ張ると，
取り外すことができます。

早稲田教育出版

秘書検定
実問題集
2024
年度版
3級

C O N T E N T S
第**126**回▶第**131**回

○解答・解説編

必要とされる資質

1 － 4）

自分のペースとは，仕事の仕方や進め方が自分なりということ。仕事というのは，期限を守ったり周りの人と歩調を合わせたりしないとまとまらない。秘書の仕事は人と関わることが多いのだから，自分のペースとか人には同調しないなどは秘書の資質として不適当である。

2 － 5）

大目に見るとは，仕事のミスなどを責めずに寛大に扱うこと。この場合，上司に先輩と同じようにはできないが頑張ると言ったのは意欲の表れだからよい。が，大目に見てもらいたいなどは甘えた考えで不適当である。

3 － 2）

むやみに口外してはいけないのは，個人的なことや知られると差し支えが出るような仕事のこと。肩書とは地位，身分，役職などのことで，知られても差し支えはないということである。

4 － 4）

このままでは来客との面談は外出直前まで続くかもしれないので，必要なことを知らせて時間を確保することが必要になる。来客にも上司にも失礼のないようにするには，4）の対処が適当ということである。

5 − 5)

　資料を届けたら帰宅してよいという指示である。このような場合は，届けたら帰宅してよいが，上司に報告するまでが仕事だから，電話で報告してから帰宅するのが適当ということである。

職務知識

6 − 4)

　予定が重なっているのが分かったら，どちらを優先するか上司に尋ねて調整するのがAの仕事になる。従って，上司に判断を仰ぐ4）が適当な対処ということである。

7 − 4)

　上司から出張の準備を指示されたのだから，Aはそれに必要なことを確認することになる。この場合，出張は本部長の指示なのかもしれないが，誰の指示で出張するかは準備に関係ないので確認したのは不適当ということである。

8 − 1)

　上司の面談中は，何かあったときにいつでも対応できるよう待機しているのが秘書の仕事。従って，短時間の外出であっても面談中に済ませるようにしているなどは心がけとして不適当ということである。

9 − 5)

　先輩から直接手伝ってほしいと頼まれた仕事なのだから，指示者は先輩ということになる。従って，終わったことの報告は先輩にすればよい。誰に報告するかは尋ねるまでもないということである。

10 －3）

休むことを前提にするのがこのような場合の一般的な対応であろう。そ
れを，午後からでも出社できないかと尋ねるなどは不適当ということであ
る。

一般知識

11 －4）

「クリエーティブ」とは，創造的や独創的ということ。「仲介」とは，両
者の中に立って間を取り持つことなので直接関係はない。

12 －2）

13 －1）

「パーソナリティー」とは，個性，人格などのことである。

マナー・接遇

14 －3）

「よろしければ」は「よければ」の丁寧な言い方で，相手に了承を得て
何かをするときの言葉。この場合は山田部長は会えないと言うのだから，
言葉の使い方が間違っている。適切なのは，「申し訳ございませんが」「恐
れ入りますが」などになる。

15 － 2 ）

「ご理解いただけましたでしょうか」は，報告の内容が分かったかと聞いていることになる。上司（目上の人）に対して失礼な言い方なので不適当。報告の最後に確認するときは，「ご不明な点はございませんか」などが適切である。

16 － 5 ）

上司は来客のことを承知しているのである。このような場合，捜すのに時間はかからないだろうから，来客には特に何も言わず応接室に案内するのが適切な対応。この時点で来客にどのくらい待てるか尋ねて対応を考えるなどは，早計で不適当ということである。

17 － 4 ）

せっかく先輩が昼食に誘ってくれたのである。新人にとっては，先輩と親しくなれるとか仕事のことを教えてもらえるなどのよい機会である。好きなものを食べたいからといって，行き先を尋ねてから返事をするなどは不適当ということである。

18 － 1 ）

予約がない場合，取引先の人であっても上司が会うかどうか分からない。であれば，上司に知らせて指示を得る対応が先になる。応接室に案内してしまえば，会わざるを得なくなるので不適当である。

19 － 1 ）

「お飲みになられますか」は，尊敬語の「お飲みになる」に，さらに「れる」という尊敬語を加えた二重敬語なので不適当。適切な言い方は，「お飲みになりますか」「飲まれますか」などである。

20 － 4）

焼香は故人の冥福を祈るためにするというのはその通りだが，回数は宗派による作法で決められているもの。また焼香待ちの列ができるような場合は，1回で済ますのが気遣いという考え方もある。従って，なるべく多い方がよいなどは不適当ということである。

21 － 3）

外出中の上司（部長）から，外出している課長への電話である。このような場合に課長の帰社予定時間を伝えるのはよい。が，そのころ電話をもらいたいと言うなどは，Aが上司に指示していることになるので不適当である。

22 － 5）

不意の来客でも，他の客を見送るために応対を中断するのは失礼になる。とはいえ，いつもエレベーターの前まで見送っているS氏が，前を通りかかったのに何もしないわけにもいかない。このような場合は，その場で会釈するのがよいということである。

23 － 4）

祝電（電報）は配達日を指定できるから，早めに手配しても差し支えないもの。従って，いつごろ手配するかなどは，確認する必要がないので不適当である。

技　能

24 － 2）

25 － 3）

　出張先に送る資料が多くても，送り忘れがないように準備するのはAの仕事。それを，箱に入れるのを上司にお願いするなどは，自分の仕事を上司にさせることになり不適当ということである。

26 － 1）

　電子メールは削除しない限り記録として残る。従って，やりとりの記録として全て印刷して保管するなどは無駄なことなので不適当である。

27 － 3）

　会議の通知状とは，会議がいつどこで行われ，議題は何かなどが書かれたもの。「議題の採決方法」は，議題に賛成か反対かを決める方法のこと。通知状で知らせるようなことではないので不適当である。

28 － 4）

　横書き文書は左側にめくる。ホチキスで1カ所とじる場合は，4）のようにとじるのが紙に抵抗がなくめくりやすいので適当ということである。

29 － 5）

　取引先が事務所を移転することになれば，新事務所への祝いや今後仕事を行う上で必要なことを尋ねることになる。事務所移転のあいさつ状を送るかどうかはR社が決めること。それを，部外者のAが送ってもらえないかと尋ねたのは不適当ということである。

30 －2）

不祝儀袋に香典（現金）が入っているのだから，現金専用の現金書留で送らないといけない。現金書留には手紙などを同封できるので，悔やみ状を一緒に送るのがよいということである。

31 －5）

上司は会議のメンバーなのだから，スケジュールが空いていれば出席の方向で上司に確認することになる。このとき，他のメンバーの出欠状況などは関係がないので，5）は不適当ということである。

記述問題

マナー・接遇

32
① はさみの刃を係長に向けて，片手で渡そうとしているから。
② はさみの持ち手を係長に向けて，両手で渡すのがよい。

33
1） ご用件でしょうか
2） 後ほど
3） 承知（いた）し・かしこまり
4） お送り（いたしま）した

技　能

34　　（　1　3　5　）

【解　説】　　1.「セル」とは，表計算ソフトのワークシートの升目のこと。3.「コピペ」とは，指定した範囲のデータをコピーして，別の場所に貼り付けること。「コピー・アンド・ペースト」の略。5.「フリーズ」とは，操作中に何らかの不具合でコンピューターが停止すること。

35
1）　標題・タイトル・件名
2）　広報部長
3）　箇条書き・記書き
4）　以上

必要とされる資質

1 −5）

来客が帰った後の応接室の片付けを忘れたのは，Aのミスだから言い訳などの余地はなく，謝って反省する以外ない。従って，来客があった後は必ず確認をするよう気を付けるなどの言い方がよいということである。

2 −5）

仕事を円滑に行うために，部内で情報を共有することは必要なこと。が，秘書業務の場合，機密事項に触れる事柄もあることから，上司の仕事に関することはむやみに口外しないのが基本になる。従って，何でも情報を公開し共有するなどは不適当ということである。

3 −5）

戻って伝えると言ったのはよい。が，Aの仕事である部長会議の資料配りを広報部長秘書に代わりにしてもらうなどは，筋が違っている。従って，配ってもらってよいかと尋ねるのは不適当ということである。

4 −2）

お茶を出したときは上司も一息ついているとき。従って，秘書も関わりやすいので報告してよいタイミングである。1）や5）は，考え事などの邪魔になる。3）や4）は，上司の気持ちも落ち着かない状態であろうから，急ぎでなければ報告しない方がよいということである。

5 −4）

上司の私的な電話なのだから，聞いていたことがあからさまに分かるよ

うなことはしない方がよい。指示があることを想定して必要な準備をしておくくらいの，さりげない気の利かせ方が適当ということである。

職務知識

6 －3）

飲み物はその人が来てから出すものである。上司が出社後すぐに薬を飲むとしても，水を入れたグラスを机の上に置いておくなどは，おざなりな感じなので不適当ということである。

7 －1）

今までＡに指示していた仕事をＣに指示したのは，上司に何か意図があってのことであろう。であれば，上司の考えに従うのがよいので，様子を見るのが適当ということになる。

8 －5）

Ｅに頼んだのは集計表の作成の手伝いである。Ｙ社に届ける資料名とＹ社の電話番号はそれに全く関係ないので，伝えたのは不適当ということである。

9 －2）

部長の名前で一度郵送した資料である。入れ忘れた資料はそのときに同封するものだったのだから，今回の発信者も部長にするのがよいということである。

10 －1）

留守番電話に入れるメッセージは，必要なことを簡潔にというのが基本。この場合，上司から頼まれた内容を伝えたいので電話をもらいたいということと，それに必要なことだけを残せばよい。上司の近況は本人同士が話すもので，留守番電話に入れるなどは不適当ということである。

一般知識

11 − 1）

「他」はそれ以外ということだから，この場合鈴木氏は含まれない。従って，「鈴木氏他 10 名」は合計で 11 名になる。

12 − 2）

13 − 3）

3）が適当。なお，この場合の税金とは，印紙税のことである。

マナー・接遇

14 − 5）

上司から頼まれた買い物で外出するにしても，Ａがいない間に何かあるかもしれない。そのようなときに対応できるように，隣の席の人に戻る時間などを伝えて外出するのがよいということである。

15 − 4）

会議で出す飲み物は，喉を潤すなど補助的な役割で出すものなので，飲み残すことは当然あり得ること。従って，問題にするようなことではないので，入れ方に問題があったのか尋ねることと教えたのは不適当ということである。

16 − 5）

この場合の上座は長椅子で，順は①→②になる。下座は一人がけの椅子で，順は④→⑤。③は補助席である。席を指定されないときは，一番の下座である⑤に座るのが謙虚さを表すことができてよいということである。

17 — 3)

　来客がたまたま予約時間より早く来てしまったのである。上司の都合が悪ければ別だが，このような場合はすぐに取り次ぐのが一般的な対応。それを，約束の時間の20分前とわざわざ言うなどは，嫌みにも受け取られかねないので不適当ということである。

18 — 4)

　説明は分かってもらうためにするもの。複雑とは込み入っていることだから，分かってもらうためには，時間がかかっても丁寧に説明するなどが必要なはず。それを，時間がかかるから省略するなどは目的が理解されておらず，心がけとして不適当ということである。

19 — 3)

　「なさられましたか」は，「する」の尊敬語の「なさる」に，さらに「れる」という尊敬の助動詞を加えた言い方なので不適当。適切な言い方は「なさいましたか」である。

20 — 3)

　上司はAに用があるから呼んだのだから，Aが行かなければ意味がない。すぐに行けなければ「少々お待ちいただけますか」などと言って，できるだけ早く上司のところに行くのが適切な対応。返事だけして隣の人に行ってもらっているなどは不適当ということである。

21 — 2)

　「部長」は役職名であるが敬称として使うこともある。「山田部長」は上司に敬語を使っていることになるので，取引先の人に対して言ってはいけない。適切な言い方は「（部長の）山田」などである。

22 －4）

客の手土産をその客のもてなしに使うことはある。その場合は「お持たせで失礼ですが」などと言って出すのがマナー。食べるかと尋ねるようなことではないので不適当である。

23 －5）

この場合上司の指示で急ぎ本部長のところに行くのだから，すぐに行くのが適切な行動。それを，ついでの用事はあるかと尋ねるなどは不適当ということである。

技　能

24 －3）

仕事の上で使うために名刺の整理をするのだから，使わなくなった名刺は処分することになる。それを，別に保管しておいても意味がないので不適当ということである。

25 －2）

「ファイルボックス」とは，数冊のファイルを立てて収納する箱のこと。2）は「キャビネット」の説明である。

26 －1）

前もって気を付けていれば防げたものとは，今までの経験などから今回もそうなるかもしれないと予見できたもののこと。いつも長引く定例会はその後の時間に余裕を持たせるなどすれば，その後の予定に影響が及ぶことを防げたということである。

27 －2）

社内文書は会社内で交わされる文書だから，社外文書のような丁寧さは
必要なく，最初のあいさつ文などは書かないものである。

28 －5）

会議の進行とは，議事の進め方のことである。Aは会議の準備を頼まれ
たのだから，議事の進め方に触れる必要はない。従って，会議の進行はど
のようにするかなどと確認したのは不適当ということである。

29 －2）

退社前の点検事項は，防犯のための施錠，電源は切ったかなど職場全体
についての確認である。机の上は個人が管理するもの。点検することでは
ないので不適当である。

30 －4）

前の宣伝部長のG宛てであっても中身は取引先からの製品パンフレット
だから，宣伝部長という職に就いている人宛てに送られてきたものと解釈
してよい。従って，今の宣伝部長（N部長）に渡すのが適当ということで
ある。

31 －1）

横書きの文書では，数量は原則として算用数字で書くので1）は不適当。
漢数字で書くのは，2）3）の熟語，4）5）の概数の他に，固有名詞などが
ある。

記述問題

マナー・接遇

32
① 棒立ちで手を後ろに組んでいるから。
② 少し前かがみの姿勢で，手は前で組むか体の横に指を伸ばして付ける。

33
1) 申す・申し上げる
2) ご覧になる
3) お尋ねする・伺う

技　能

34
1) 5
2) 1
3) 4
4) 2

35

郵便はがき
1 6 9 - 0 0 7 5

新宿区高田馬場 一丁目四番十五号

公益財団法人　実務技能検定協会
アンケート係　行
御中

必要とされる資質

1 － 3）

　会議の資料はその会議のメンバーが議論するための材料だから，準備しただけのAには関係がないもの。それを，自分用にコピーを取って読み，上司の仕事内容を把握するなどは見当違いで不適当ということである。

2 － 3）

　上司が礼としてもらったのであれば，秘書であるAがそれ以上のことを知る必要はない。何に対しての礼かなどは立ち入ったことなので，尋ねたのは不適当ということである。

3 － 5）

　上司に確認した通りだとしても順番が違っていたと言われたら，今後はそのようなことをなくすなどの言い方をするのがよい。それを，指示通りの順番にしたと言うなどは，上司の指示が違っていたと言っていることになるので不適当ということである。

4 － 5）

　この場合，Aが資料を取りに行くか，上司が戻るのを待って指示に従うかになる。どうするかはAが上司との間で決めること。L氏に上司が戻るまで待った方がよいかと尋ねるなどは不適当ということである。

5 － 4）

　秘書は上司に合わせた仕事の仕方をするもの。指示内容をよく変更する上司には，変更がないか確認したり，変更があれば期限に間に合わせる努

力をしたりすることが必要になる。それをせず，4）のように伝えるなど
は不適当ということである。

職務知識

6 － 5 ）

社内で別の人宛ての書類が入っていたら，他の人の手を煩わせず宛名の
人に届ければよい。書類の受け渡しは秘書の仕事なので，この場合Aが人
事部長秘書に届けるのが適当ということである。

7 － 2 ）

4時ごろまでにまとめてもらいたいと言われたのだから，時間までにで
きるよう手だてを考えてから取りかかることになる。2）の対応では時間
に間に合わず，上司の指示に従った仕事の仕方になっていないので不適当
ということである。

8 － 3 ）

この場合，上司が告別式と社内会議の日時が重なっていることに気付い
ているかは分からない。どちらを優先するかは上司が決めることなので，
重なっていることを知らせた上でどうすればよいかと尋ねるのが適切な対
処ということである。

9 － 4 ）

列車の予約は早ければ早いほど希望する席を取りやすい。この場合出張
は明後日なのだから，すぐにでも予約をするのがよい。従って，明日に持
ち越すのは不適当ということである。

10 － 1 ）

仕事の資料なら会社宛てに送るのが一般的なので，上司から届いている
かと聞かれたら会社に届いている前提で調べることになる。それを，初め

から上司の自宅宛てではないかと尋ねるなどは不適当ということである。

一般知識

11 －5）

「エージェント」とは，代理人などのことである。

12 －5）

13 －2）

「有価証券」とは，小切手・株券・債券など，それ自体に財産価値を持つもののこと。「年金」とは，一定期間または終身，毎年定期的に給付される金銭のことなので直接関係はない。

マナー・接遇

14 －5）

タクシーなどの自動車で最も安全とされる席は運転席の後ろの④で，そこが上座。以下席順は②→③→①になる。この場合，同行者は他にいないから，上司は④，Aは②に座るのが適当ということである。

15 －5）

話が途切れ沈黙が続けば気まずい雰囲気にもなる。このような場合，周りの人との関係をよくするためには自分から話すのがよい。誰かが話し出すのを待つのは心がけとして不適当ということである。

16 －3）

住所に「ご」，電話番号に「お」を付けたのが不適当。「ご」「お」を付けると高めた言い方になるので，自社のことを言うときには付けない。

17 － 4）

　小声であっても会議中に口頭で尋ねたのが不適当。このような場合は，T氏が来訪したことをメモで知らせるだけでよいということである。

18 － 4）

　来客応対は，どのような場合でも丁寧にするのが基本である。あいさつを省略するなどは顔見知りの客に対してであっても丁寧さを欠き，てきぱきと行動することとは関係ないので不適当ということである。

19 － 2）

　告別式の形式が分からないときは，一般的にはどの宗教にも使える「御霊前」がよいとされている。なお，「御花料」はキリスト教式,「御榊料」「御神前」は神式,「御仏前」は仏式の法事などで一般的に用いられる上書きである。

20 － 4）

　上司の自宅に初めて電話をするのだから，上司の部下であることが分かるようにきちんと名乗るのがマナーである。従って,会社名と部署名を言ってから名前（姓）を言う4）の名乗り方が適当ということである。

21 － 2）

　緑茶を出したばかりでも上司からコーヒーを出してもらいたいと言われたら，すぐに出さないといけない。自分が出せなければ後輩に代わってもらえば済むことなので，2）の対応が適当ということである。

22 － 5）

　来客を後ろから追い越すなどはしないのがマナーである。が，この場合のように仕方なく追い越すときは,「失礼いたします」と非礼をわびて会釈をしてからがよいということである。

23 ― 1）

　Aが取引先に書類を取りに行くことについて，先方の担当者には上司から連絡してある。このような場合，約束の時間に遅れることがない限りわざわざ連絡を入れる必要はない。従って，下車駅で連絡したのは不適当ということになる。

技　能

24 ― 1）

　「社外秘」とは，その会社の社員以外には秘密ということ。従って，係長に秘密にする必要はないので，上司の許可なしで貸してよいことになる。なお，漏えい防止のために不要なコピーはしてはいけない。

25 ― 1）

　「郵便はがき」は，速達扱いにできる。

26 ― 5）

　鉢植えの植物の数え方は「鉢（はち）」である。

27 ― 4）

　後で役立つこととは，その人の特徴や用件などである。約束の時間ちょうどに来たのは当たり前のこと。それを名刺に書いておいても，役には立たないので不適当ということである。

28 ― 5）

　取引先に文書をファクスで送信したら，届いたことを確認するまでがAの仕事。確認は送信側からするのが礼儀である。従って，到着の確認をしたいので連絡をもらいたいと送信状に書くなどは不適当ということである。

29 − 2）

　詳しいことを確認しておくようにとは，上司が出席するに当たり知っておいた方がよいことを確認するということ。どのような取引先が出席するかは必要な情報だが，年齢層まで知る必要はないので不適当である。

30 − 4）

　会議の招集は必要があってのことなので普通は早めに連絡するものだから，急な招集になったのには事情があるのだろう。このような場合，連絡を受けたら調整するのが秘書の仕事。それを，急な招集はしないでもらいたいと頼むのは不適当ということである。

31 − 1）

　「納品書」とは，注文を受けた品を納めるときに，品名や数量などを確認するために渡す伝票のこと。「委任」とは，何かを任せることなので直接関係はない。

記述問題

マナー・接遇

32
① 来客を見送っているのにAのお辞儀の角度が浅い。
② 上司に倣って，深いお辞儀で見送るのがよい。

33
1）お急ぎのご用件
2）どのようにお書き
3）こちらこそ

技　能

34

1）ラ[ベ][ル]
2）[ゼ][ム]クリップ
3）デスク[ト][レ][ー]
4）[ファ][イ][ル]ボックス

35

1）1
2）1
3）下記の通り

必要とされる資質

1 － 3）

　上司が本来の仕事に専念できるよう，雑務や身の回りのことをするのは秘書の仕事である。従って，上司の私用も仕事として行うことになるのだから，私用かどうかを確認する必要はないということである。

2 － 3）

　このような場合，正しい順番を伝えるが上司の間違いを指摘するような言い方をしないのが秘書としての答え方。となると，3）の言い方がよいということである。

3 － 2）

　どの部署を訪ねればよいか分からない来客には，用件を尋ねて担当部署に問い合わせるなどの仕方で案内するのが受付の仕事。それを，上司に対応をお願いするなどは筋が違っていて不適当ということである。

4 － 1）

　秘書が上司より先に退社するときは，仕事の性質上，上司の了承を得ないといけない。上司に確認できないなら，他の人に後を頼むなどの対応が必要である。1）はそれらのことを考えていない退社の仕方なので不適当ということである。

5 － 4）

　傘を返しそびれてしまったのだから，何らかの方法で返すことになる。返し方はK氏に直接聞くか，秘書からK氏に聞いてもらうかになる。秘書

に傘のことを伏せる必要はなく，K氏から電話をもらえば手間をかけることにもなるので4）は不適当ということである。

職務知識

6 −2）

本部長は上司の都合を尋ねているのである。たとえ自席にいたとしても，すぐに上司が行けるかどうかは聞いてみないと分からない。それを，上司に尋ねずにすぐに伺えると返事をするなどは不適当ということである。

7 −4）

上司から出張することになったと言われたら，Aは出張の準備に必要なことを確認することになる。急なことであっても出張することになった理由は，秘書がする準備に関係ないことなので不適当ということである。

8 −2）

この場合，Aは約束について聞いていないと言って謝るほかないが，その後は上司が外出しているときの通常の対応になる。いつどこでどのように約束したかは疑うようでもあり不適当ということである。

9 −1）

人の名前は漢字で書きたいところだが，「ナカイ」の漢字は何通りかある。漢字が分からない場合は，片仮名で書けばよいということである。

10 −2）

今から届けてもらいたいという上司の指示だから，秘書としてはすぐに届けないといけない。が，今Aは先輩Fの仕事を手伝っているのである。となると，Fに事情を説明してから届けに行くのが適当な対応ということである。

一般知識

11 － 3）

「マージン」とは，利益や販売手数料などのことである。

12 － 4）

「福利厚生」は，会社が従業員の生活の充実や健康増進のための支援をすること。「賞与」は，会社の業績などに応じ給与とは別に従業員に支払われる賃金のこと。従って直接関係はない。

13 － 4）

「以上」はその数字を含めてそれより多いこと，「以下」は少ないことをいう。どちらもその数字を含むので，50 人以上は 50 人を含まずというのは不適当である。

マナー・接遇

14 － 4）

注意を受けるとき，内容によってメモを取ることはある。が，その場で読み上げてこれでよいか確認するなどは，注意を受ける態度ではないので不適当ということである。

15 － 4）

菓子の下に敷く和紙は，「懐紙（かいし）」という。「ペーパーウエイト」は「文鎮（ぶんちん）」のことで，書類などの重しとして上に載せる文具である。

16 ー 5)

「逝去」とは，人が亡くなることを意味する言葉で，悔やみのあいさつや訃報，弔電などの文中で使われる。身分の高い人に限定されてはいないので不適当ということである。

17 ー 1)

来客から手土産をもらったとき，普通は礼の言葉として「ありがとうございます」などと言うもの。「かしこまりました」は，指示されたことや頼まれたことなどに対して，承知したと言うときの丁寧な言葉なので使い方が違っているということである。

18 ー 1)

相手が雑談めいたことを話してきたのは，用件が終わり一段落したので，Aとコミュニケーションを取りたいと思ったからであろう。であれば，事務的に電話を終わらせるのではなく，遮らないで聞く方が感じがよいということである。

19 ー 2)

名刺は相手が自己紹介のために出すものだから，名前の読み方が分からなければ尋ねるのはよい。が，その際に名前の文字を指さすなどは失礼なので不適当ということである。

20 ー 5)

「お越しになられ」は，「お越しになる」に「れる」が付いていて，尊敬語が二重になっているので不適当。適切なのは「お越しになりました」などである。

21 ー 3)

「添え状」とは贈り物を直接手渡せない場合に，あいさつや贈る旨を書

いて品物に添える手紙のこと。上司が知人に手渡す場合は必要ないので，確認したのは不適当ということである。

22 － 1 ）

食事をごちそうになったら，翌日改めて直接礼を言うのが礼儀である。この場合は，残業後に他部署の部長から誘われたことだから，業務の一環ではなく個人的なことになる。となれば，頃合いを見てするというのが適切な礼の仕方ということである。

23 － 5 ）

自分（新人Ａ）のために開いてくれた歓迎会だから，最後までいるのがマナーにかなった行動になる。それを，自分が帰らないと皆が帰りにくいので先に席を立つなどは，会の目的を理解していないことになるので不適当ということである。

技　能

24 － 5 ）

ファイリング用品とは，書類などを整理して保存するときに使う物のこと。「レターヘッド」は便箋の上部の会社名，所在地などが印刷された部分のことなので，ファイリング用品ではない。

25 － 4 ）

「秘」文書は，その存在自体を知られてはいけないものである。従って，話しかけてきた同僚に，「秘文書を細断している」と言ったのは不適当ということである。

26 － 5 ）

「草々」は，ぞんざいな走り書きで失礼しましたという意味の結語である。

なお，頭語の「前略」などと組み合わせて使う。

27 －4）

社外の人を招いての会議で，出席者に呼び出しの電話があったときは，会議中でも取り次ぐのが主催者側の役目。それなのに断り方を上司に尋ねるなどは，見当違いで不適当ということである。

28 －1）

29 －2）

2）の名称は，「サイドテーブル」である。「スツール」とは，背もたれのない一人用の椅子のことである。

30 －3）

郵便物に宛て名を書く場合，敬称を付けるのは送る相手の名前に対してだけである。この場合は「川口健太郎」だから，個人名に付ける一般的な敬称の「様」が適切。「工場長」は役職名なので名前の上に書くもの。従って，3）が適当ということである。

31 －5）

面会の予約をできるだけ入れないようにするのは，上司の負担を考慮することや来客を待たせることのないようにするため。Aは上司を手助けするのが仕事なのだから，自分の仕事の都合で予約を入れないようにするなどは不適当ということである。

記述問題

マナー・接遇

32
① 先輩から説明を聞いているのに，足を組んでいる。
② 足を組まずにきちんと座る。

33
② 恐れ入りますが・申し訳ございませんが
③ 30分ほど
⑤ 申して
⑦ いかがなさいますか

技　能

34
1）3　　　　2）5　　　　3）6　　　　4）4

35

```
          伝言メモ
      山 田 部 長   様
─────────────────────
日時11月 9 日 ⟨午前⟩・午後10時00分
      経 理 部 長   様

☑ 電話がありました。
□ 来訪されました。
┈┈┈┈┈┈┈┈┈┈┈┈┈┈┈┈┈┈┈
☑ もう一度電話します。
□ 電話を頂きたい。
【用 件】
  明日の打ち合わせの件




       担当者名  松 下
```

必要とされる資質

1 －2）

急がないと言われたとはいえ，その場で期限を確認しておけば上司に催促されることはなかったはずである。このような場合は言い訳など余計なことは言わず，すぐに取りかかると言うのがよいということである。

2 －4）

相談したい相手が出張中なら，戻るのを待つのが一般的な対処。従って，L氏の秘書には戻るころ改めて電話すると伝えることになる。が，相談したいことがあるのは上司だから，それでよいかと上司に尋ねて確認しないといけないということである。

3 －3）

時間を守ることは社会人としての基本であり，その理由は3）以外のこと。まねるような人は，個人のモラルの問題だからこの場で考えることではない。従って，筋が違っていて不適当ということである。

4 －5）

この場合の気配りは，上司が仕事をしやすいように上司のちょっとした言動に注意を払い秘書が自ら進んで行うもの。それを，必要を確認してからするようでは，信頼してもらえる仕事の仕方にはならないので不適当ということである。

5 －1）

ビジネスの場では迅速さが求められるが，用件を伝えるときは正確さや

丁寧さも必要になる。急用であっても早口ではそれらが損なわれ，状況に合わせた行動にはならないので不適当ということである。

職務知識

6 － 3）

本部長が取引の件で確認したいと言っている。このような場合，まずは内部の関係者で確認し合うのが仕事の進め方として当たり前のこと。部長が外出中であってもこの件に関わる者は他にもいるはず。H社に問い合わせることではないので不適当である。

7 － 1）

今までAに指示していた仕事をCに指示したのは，上司に何か意図があってのことであろう。このような場合，Aが口を挟むことではないから，様子を見るのが適当ということになる。

8 － 4）

案内状の開催日付と曜日が食い違っていたら，Aが先方に確認してから上司に渡すのが，このような場合の仕事の仕方。それを，上司に聞くよう言うなどは不適当ということである。

9 － 5）

上司から指示された仕事をしていても，先輩が急ぎで手伝ってもらいたいと言ってきたのなら，やりくりして両方の仕事をするのがよい。従って，それをせずに断ったのは不適当ということである。

10 － 3）

この客は封筒を上司に渡してもらいたいと言っている。このような場合は，封筒を預かる上で必要なことを尋ねておけばよい。封筒の中身は上司と客との間のことなので尋ねる必要はないということである。

11 － 4）

「隔月」とは，1カ月置きのことである。

12 － 2）

「パテント」とは，特許などのことである。

13 － 3）

14 － 5）

上下関係がある場合のあいさつは，下の人から先にするのが一般的。が，この場合，タイミングがずれて部長から先にされただけのことだから，謝るとしても「気が付かず失礼しました」程度でよい。5）のあいさつは大げさな印象になるので不適当ということである。

15 － 4）

報告の仕方は，まず結果を言って，必要なら経過を言うのが基本である。この場合は，時間がかかりそう，上司は忙しそうという状況だから工夫が必要だが，経過が重要という報告もある。上司に，経過の必要を尋ねずに省略すると言うなどは不適当ということである。

16 － 2）

この場合の差とは，人の社会的な関わりから生ずる差のこと。能力は個々が持っているものなので，能力の差は社会的な関わりから生ずる差ではない。従って，敬語を使うかどうかには関係ないので不適当ということである。

17 － 3）

　お茶が入った茶わんを茶たくに載せて運ぶのは，人数に関係なく不適当。運ぶ途中で茶たくにお茶がこぼれることがあるからである。茶わんと茶たくは別にして運び，出すときにセットするのがよい。

18 － 4）

　電話をかける前に確認が必要という理由は，間違い電話をしないようにし，かけた電話で支障なく用件が済むようにするためである。どこと電話中かを周囲に分かるようにするなどは関係がないので不適当ということである。

19 － 2）

　「大丈夫」が不適当。「お休みを頂いても大丈夫ですか」は，「休んでも問題ないか」という意味。この場合は，秘書が上司に休むことの許可をもらうのだから，「お休みしてもよろしいでしょうか」などの言い方が適切になる。

20 － 1）

21 － 1）

　中元の送り先は，その人との関係や事情によっては自宅に送ることもある。この場合は，何か贈ってほしいということでAは事情が分からないのだから，会社でよいかの確認は必要ということである。

22 － 4）

　在席していると言えないのだから在席しているかどうかを確かめるという言い方になろう。不意の来客でも会うことがあるが，その判断材料はどんな用件かということ。従って，このような場合は用件を尋ねることが必須になるということである。

23 － 4）

　客はこの会社の部署のことがよく分からないからはっきりしないのである。このような客に，目的を果たせる部署を案内するのも受付の仕事。それなのに，あらかじめ分かるようにしてきてもらいたいと言うなどは失礼な言い方で不適当ということである。

技　能

24 － 4）

　この場合，ＡＢＣ商事の送信ミスとはいえ再送信を依頼しているのだから，文書が届いた時点で，ファクスの状況を電話で伝えることはあり得ること。が，30分ほどで戻るがどうするか尋ねるなどはする必要のないことなので不適当である。

25 － 4）

　「文字化け」とは，文字が他の文字や記号などに変化して表示される現象のこと。「変換ミス」とは，文字を入力し変換する際に，誤って別の文字を選択してしまうことなので，直接関係はない。

26 － 3）

　防災対策委員会の開催通知状は，その委員会の責任者である委員長名で発信するのがよい。従って，「防災対策委員長」になるということである。

27 － 1）

　上司の面談中に急用を知らせるメモは，上司が一目で分かるようにして渡す必要がある。来客に見えないように気を配ることはよいが，わざわざ封筒に入れて渡すのは不適当。封筒からメモを取り出す手間が増えるだけということである。

28 — 5）

　このような場合の席次は，研究会の内容によるので上司に確認しなければならない。到着した順に奥からなどは一般的にはしないことなので，そのように確認したのは不適当ということである。

29 — 4）

　書留郵便のように，郵便局の窓口でなければ出すことができない郵便物もある。しかし，「定形外」の封筒は，定形外の規格であるというだけで，ポストに入れてはいけないということはないので不適当である。

30 — 1）

　このような手紙に「日常」という語は使わないので不適当。適切なのは，「平素」などである。

31 — 3）

　1行の文字数や体裁を気にせず入力したメールは受信者が読みにくく，理解しにくいこともあるので不適当。手紙ほど丁寧でなくてもよいが，1行の文字数制限や間を空けるなど，読みやすさへの配慮をするのがよいということである。

記述問題

マナー・接遇

32

①　来客を案内する方向とは逆の手で方向を示している。
②　方向を示すときは，案内する場所に近い方の手で指し示すのがよい。

33

1） 参ります・伺います
2） おっしゃる方
3） お取り（いた）しましょうか

技　能

34

① 1　2　3　6
② 4　5

35

令和4年5月製品別生産高

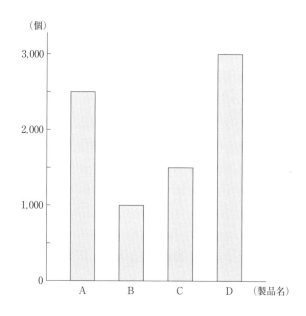

必要とされる資質

1 － 4 ）

　積極性とは，自分から進んで行おうとする気持ちのこと。指示された仕事が終わって報告するとき，4）のように自分から言うのは，積極性の表れであるということである。

2 － 5 ）

　友人との約束など上司の私的なことは，このような場合には言わないもの。また，上司はどちらを優先するか分からないのだから，5）の対応は不適当ということである。

3 － 4 ）

　手土産に菓子折りをもらった場合，普通は皆で分けるものだが，菓子の数と人数が合わなければ，Aが決めるか先輩に相談して適当に分ければよい。わざわざ上司に尋ねるようなことではないので不適当である。

4 － 5 ）

　上司から感想などを聞かれたとき「分からない」と言うのは，上司の要望に応えていないことになる。それでは上司の信頼を得ることにはならないので不適当である。

5 － 3 ）

　U氏はいつどこで落としたのか分からず困っているかもしれないのだから，すぐに知らせるのがよい。それには確実に連絡が取れるU氏の秘書に伝えて，よければ送ると提案するのが親切な対処ということである。

職務知識

6 － 5）

　スケジュール管理での配慮とは予定がスムーズに進むためにすることだから，次の予定などに差し支えなければ，会議や面談が長引いても問題ないことになる。従って，終了時間が予定より遅れているだけのことをメモで知らせるなどは不適当ということである。

7 － 5）

　秘書の仕事は上司の仕事が円滑に進むように手助けをすることだから，休暇は上司の仕事に合わせて取るようにするのがよい。やむを得ず休む場合，秘書の代わりを誰かに頼むことはあっても，上司のスケジュールを変えてもらうなどはあり得ないので不適当ということである。

8 － 3）

　Kが間に合わないので手伝ってもらいたいと言っているのは，明日の部長会議の資料作成だから，可能なら手伝うのが当然であろう。が，留守中の連絡や上司が戻った後の来客に備える必要があるので，3）の受け方が適切な対応ということになる。

9 － 1）

　上司が出張から戻ったら，秘書は上司がしてきた仕事の事後処理をすることになる。Q社には世話になったと礼状を出すことはあっても，出張から戻った連絡は不要ということである。

10 － 3）

　業界団体の臨時理事会と部長会議が同じ日時に行われるのである。両方出席というわけにはいかないからどちらかになるであろう。その判断をするのは上司だから，上司にどう調整するか尋ねるのが適当ということである。

一般知識

11 － 3）

「公共料金」とは，国民生活に直接関係する公益性のある事業の料金のこと。その設定や変更などは，国または地方公共団体による規制を受ける。「振込手数料」はそのようなものではない。

12 － 1）

「増益」とは利益が増えること。「減配」とは株主への配当金を減らすことで，反対の意味ではないので不適当。「増益」の反対は「減益」である。

13 － 2）

マナー・接遇

14 － 3）

「ご苦労さま」は，相手の骨折りをねぎらう言葉である。一般的に目下の人に対して使う言葉なので同僚に言うのは不適当。この場合は，「お先に失礼します」などが適切になる。

15 － 3）

悪い内容はそのことへの対策が必要になることもあるので，すぐに報告しないといけない。従って，後で他の報告と一緒にするようにしているというのは不適当である。

16 － 5）

操作パネルの前に立って他の人の降りる階のボタンを押してあげるとき

は，階を尋ねるのが一般的。会社名で階数が分かるとしても，見ず知らずの人に訪問先を尋ねるなどは，ぶしつけな行為なので不適当ということである。

17 －3）

茶わんの絵柄は，飲む人に見てもらうために付いているもの。従って，絵柄が来客から見えないように置くのは不適当ということである。

18 －2）

上司の会議中にかかってきた電話であっても，急ぐものや重要なものは取り次ぐことがある。その判断は事前に上司に確認しておくか，電話の相手や内容によってＡがしないといけない。取り次いだ方がよいかは相手に尋ねるようなことではないので不適当である。

19 －5）

ちょっと聞きたいことがあると上司から言われたら，今日中に仕上げる予定の仕事の最中でもすぐに受けるのがよい。それを，この仕事が終わるまで待ってもらいたいと言ったのは秘書の対応として不適当ということである。

20 －1）

秘書が行う名刺整理とは，上司がもらった名刺を整理すること。従って，名刺整理用にもう１枚もらえないかと言うなどは，名刺整理の意味が分かっておらず客に対しても失礼なので不適当である。

21 －4）

「お聞きになります」は，「聞く」の尊敬語。取引先に課長が話を聞くと言うのだから，謙譲語でないといけないので不適当である。この場合は，「伺います」などが適切な言い方になる。

22 －4）

箇条書きで記せば内容は整ったものになろうが，それを読み上げても動作や話し方がきちんとすることには連動しない。だらだらしていることへの指導になっていないので不適当ということである。

23 －2）

ビジネスの場では特別な事情がない限り予約をするのが常識。不意に訪れたのは何か事情があってのことかもしれない。それを，次回からは予約をお願いしたいと秘書が言うなどは余計なことで不適当ということである。

技　能

24 －5）

この場合，部内会議の準備はAの仕事だから，欠席の人がいたら理由とともにAが上司に伝えることになる。それを，上司に直接申し出るように言うなどは，仕事の仕方が違っていて不適当ということである。

25 －5）

秘文書を借りたことを他の人に言わないというのは当たり前のこと。それを貸し出すときにわざわざ言うなどは不適当ということである。

26 －2）

「コピペ」とは「コピー・アンド・ペースト」の略で，指定した範囲のデータをコピーして，別の場所に貼り付けることである。

27 －4）

自分の知らない言葉があったら，辞書で調べて確認するのが普通の対応。

従って，それでよいか上司に確認するように教えたなどは間違っていて不適当ということである。

28 － 3）

　一般的に定休日のファクスでの注文は，翌営業日分として扱われる。従って，定休日に注文しないように注意しても意味がなく不適当ということである。

29 － 1）

　手紙の数え方は，一般的に「通」などである。

30 － 3）

　速達の料金は，重さなどによって異なるが，送る地域による違いはない。

31 － 2）

　「スタンプパッド」とは，ゴム印を押すときにインクを付けるための台（スタンプ台）のことである。

記述問題

マナー・接遇

32
① Aが先に乗り込もうとしているから。
② まず上司に乗ってもらい，次にAが乗る。

33
1）どちらさまでしょうか・どなたさまでいらっしゃいますか
2）さようでございますか
3）存じ（上げ）ません

技 能

34
1）4　　　2）2　　　3）3　　　4）1

35
1）a 左上　　　b 斜め
2）三つ
3）②
4）左上

秘書検定3級実問題集　2024年度版　解答・解説編

2024 年 3 月 1 日　　初版発行
2024 年10月 1 日　　第 2 刷発行

編　　者　公益財団法人 実務技能検定協会 ©
発行者　笹森 哲夫
発行所　早稲田教育出版
　　　　〒169-0075　東京都新宿区高田馬場一丁目4番15号
　　　　株式会社早稲田ビジネスサービス
　　　　https：//www.waseda.gr.jp/
　　　　電話　（03）3209-6201

ビジネス系検定　公式受験参考書

秘書検定

集中講義	3級 / 2級 / 準1級 / 1級
パーフェクトマスター	3級 / 2級 / 準1級 / 1級
クイックマスター	3級 / 2級 / 準1級
実問題集	3級 / 2級 / 準1級 / 1級
新クリアテスト	3級 / 2級 / 1級・準1級
受験ガイド	3級

ビジネス文書検定

受験ガイド	3級 / 1・2級
実問題集	3級 / 1・2級

ビジネス実務マナー検定

受験ガイド	3級 / 2級 / 1級
実問題集	3級 / 1・2級

サービス接遇検定

公式テキスト	3級 / 2級
受験ガイド	準1級 / 1級
実問題集	3級 / 1-2級